ПЕП ГВАРДИОЛА

85 рондо, игр на удержание мяча, тренировок передач и технических круговых тренировок из занятий Пепа

Опубликовано

ПЕП ГВАРДИОЛА

85 рондо, игр на удержание мяча, тренировок передач и технических круговых тренировок из занятий Пепа

Впервые опубликовано в сентябре 2019 на SoccerTutor.com
Впервые опубликовано на русском языке в август 2021

Info@soccertutor.com | www.SoccerTutor.com

UK: 0208 1234 007 | **US:** (305) 767 4443 | **ROTW:** +44 208 1234 007

ISBN: 978-1-910491-44-7

Copyright: SoccerTutor.com Limited © 2021. Все права защищены.

Все права защищены. Никакая часть этой публикации не может быть воспроизведена, сохранена в поисковой системе или передана в любой форме и любыми средствами, электронными, механическими, фотокопировальными, записывающими или иными, без предварительного письменного разрешения владельца авторских прав. Эта публикация также не может быть распространена в какой-либо форме переплета или обложки, кроме той, в которой она опубликована, и без подобного условия, налагаемого на последующего покупателя.

Редактор
Алекс Фитцджеральд / Alex Fitzgerald - SoccerTutor.com

Переводчик
Герман Коцюбинский

Дизайн обложки
Алекс Макрайдс / Alex Macrides, Think Out Of The Box Ltd.
Email: design@thinkootb.com Tel: +44 (0) 208 144 3550

Рисунки
Дизайн рисунков от SoccerTutor.com. Все рисунки в этой книге были созданы с использованием программного обеспечения SoccerTutor.com Tactics Manager доступного на www.SoccerTutor.com

Примечание: несмотря на то, что были предприняты все усилия для обеспечения технической точности содержания этой книги, ни автор, ни издатели не могут нести ответственность за любой ущерб или убытки, понесенные в результате использования этого материала.

СОДЕРЖАНИЕ

Достижения Пепа Гвардиолы 7
Пеп Гвардиола: лучшие цитаты игроков 8
Ключ к рисункам 9
Формат упражнений 9

Упражнения разминки из тренировочных занятий 10
1. Комбинационная игра в одно касание с передачей верхом в разминке 11
2. Скорость, ловкость и техника в разминке по кругу 12
3. Скорость и ловкость в разминке по кругу + рондо 5х2 14

Разминка перед матчем «Манчестер Сити» 16
Часть 1/5. Индивидуальные общеразвивающие упражнения 17
Часть 2/5. Динамические упражнения и растяжка 18
Часть 3/5. Рондо 4х4(+3) 19
Часть 4/5. Передачи, игра головой и удары 20
Часть 5/5. Спринты в парах 21

Упражнения для развития скорости и ловкости без мяча 22
1. Упражнения на развитие взрывной силы с барьерами и силовыми лентами 23
2. Скоростные и координационные упражнения для ног + бег 24
3. Упражнения на скорость и координацию движения ног со спринтом под разными углами .. 25

Упражнения для развития скорости и ловкости с мячом 26
1. Двойная комбинация «стенка» и удары в упражнении для развития скорости и ловкости ... 27
2. Дриблинг, длинный пас, комбинация «стенка» и удары в упражнении на развитие скорости и ловкости 28
3. Быстрые изменения направления движения, двойная комбинация «стенка» и удары в упражнении на развитие скорости и ловкости. 29
4. Дриблинг, пас на фланг, подача и завершение в упражнении на развитие скорости и ловкости ... 30
5. Скидка, пас на фланг, подача и завершение в упражнении на развитие скорости 31
6. Скидка, пас на фланг, подача и завершение в упражнении на развитие скорости и ловкости .. 32
7. Комбинационные действия: смена направления атаки, подача и завершение в упражнении на развитие скорости и ловкости. 33

Технические круговые тренировки **34**

1. Технические навыки и ловкость в интервальной круговой функциональной тренировке 36
2. Передачи, дриблинг и завершение в технической круговой скоростной тренировке 38
3. Передачи, дриблинг и завершение в технической круговой скоростной тренировке (вариант) ... 39
4. Техника передач и скоростная работа в круговой функциональной тренировке 40
5. Быстрый дриблинг и аккуратное завершение в круговой скоростной тренировке 41
6. Прессинг и страховка в обороне в тройках + развитие скорости и ловкости 42
7. Развитие скорости, «стенка», дриблинг и завершение в круговой тренировке 44
8. Ловкость, «стенка» и завершение из-за пределов штрафной площади в скоростной последовательности 45
9. Ловкость, прием мяча, дриблинг, «стенка» и завершение из-за пределов штрафной площади в скоростной последовательности 46
10. Передачи, дриблинг и завершение в сложной технической последовательности 47
11. Скоростная работа + изменение направления движения с мячом и без мяча в двойной технической последовательности (1) 48
12. Скоростная работа + изменение направления движения с мячом и без мяча в двойной технической последовательности (2) 49
13. Две комплексные технические схемы с развитием скорости и ловкости с завершением в обе стороны 50
14. Короткий пас, прием, дриблинг + завершение в двойной технической схеме 51
15. Комбинированная круговая тренировка для развития скорости и ловкости с проникающим пасом и завершением 52
16. Развитие скорости и ловкости в круговой тренировке с быстрыми передачами в одно касание и завершением 53
17. Круговая тренировка с мячом для развития скорости, координации, ловкости, техники с тремя схемами 54
18. Круговая тренировка высокой интенсивности для развития скорости, силы и ловкости + ситуация 3х2 55

Тренировка передач «Манчестер Сити» **56**

1. Ситуация 3х1 + скидка, пас за спину и завершение в малые ворота 58
2. Ситуация 3х1 + скидка, пас за спину и завершение в малые ворота (вариант) 59
3. Ситуация 3х1 + скидка, пас верхом за спину манекенам и завершение 60
4. Ситуация 3х1 + скидка, пас поперёк, пас верхом за спину манекенам и завершение (вариант 1) 61
5. Ситуация 3х1 + быстрая комбинационная игра в пас, передача верхом за спину манекенам и завершение (вариант 2) 62
6. Последовательность передач, приема и контроля мяча 63

Тренировка передач «Бавария» Мюнхен 64
1. Передача и движение для приёма мяча в круговой тренировке со скоростной работой 65
2. Короткий и средний пас в одно касание со своевременным движением в «ромбе» 66
3. Короткий и средний пас в одно касание со своевременным движением в «ромбе»
   (2 варианта) 67
4. Последовательность передач с двойной «стенкой», открыванием за спину и завершением.. 68
5. Передача и движение для приёма мяча в атакующей комбинации со скидками и ударом с
   дальней дистанции 69
6. Комбинационная игра в пас с двойной стенкой + удар из-за пределов штрафной площади .. 70
7. Комбинационная игра в пас вокруг штрафной площади и завершение 71

Тренировка передач ФК «Барселона» 72
1. Открывание для приёма мяча после передачи в квадрате................................... 74
2. Стенка и движение для приёма мяча после передачи в квадрате........................... 75
3. Короткие и средние передачи в комбинационной игре в квадрате......................... 76
4. «Стенка» и движение для приёма мяча после передачи в треугольнике..................... 77
5. Комбинационная игра в короткий и средний пас в треугольнике 78
6. Комбинационная игра по шаблону «Y» с короткими и средними передачами и
   своевременным движением 79
7. Пас верхом и движение для приёма мяча в прямоугольнике 80
8. Передача верхом, движение для приёма мяча и «забегание» в прямоугольнике 81
9. Движение для приёма мяча со сложной комбинационной игрой в короткий пас в
   прямоугольнике 82
10. Приём мяча, ведение вперёд и удар из-за пределов штрафной площади 83
11. Комбинация коротких передач + ведение вперёд и удар из-за пределов
    штрафной площади 84
12. Комбинация коротких передач + бег вперёд и удар из-за пределов штрафной площади ... 85

Рондо 86
1. Рондо в треугольнике с ситуацией 3х1 внизу и вверху....................................... 88
2. Рондо 4х2 в квадрате 89
3. Рондо 4х2 в прямоугольнике 90
4. Рондо 5х2 в квадрате 92
5. Рондо 6х2 в прямоугольнике 93
6. Рондо 7х2 в квадрате 94
Позиционные игры и игры на удержание мяча 95

Позиционные игры Пепа Гвардиолы..........97

- 1. Владение мячом и переходы в высокоинтенсивной "позиционной игре" 3x3(+2)............. 98
- 2. Владение мячом и переходы в высокоинтенсивной "позиционной игре" 4x4(+2)............. 99
- 3. Владение мячом в "позиционной игре" 5(+2)x3.......... 100
- 4. Владение мячом в "позиционной игре" 6(+2)x3.......... 101
- 5. Владение мячом и переходы в "позиционной игре" 4x4 (+3)........... 102
- 6. Владение мячом и переходы в "позиционной игре" 5x5 (+3)........... 103
- 7. Владение мячом и переходы в "позиционной игре" 6x6(+4)........... 104
- 8. Владение мячом и переходы в "позиционной игре" 8x8(+3)........... 105
- 9. Три команды в игре с быстрыми переходами........... 106
- 10. Владение мячом в игре 7x7(+3) с воротами из стоек........... 108
- 11. Владение мячом и переходы в игре с двумя зонами 8x8, где надо выиграть мяч и перевести его в другую зону........... 109
- 12. Владение мячом в игре 9x9 (+2 внутри)........... 110
- 13. Владение мячом в игре 9x9 (+2 снаружи)........... 111

Шаблоны позиционных атак..........112

- Атакующая философия Пепа Гвардиолы: ключевые аспекты........... 114
- Манчестер Сити в построении 4-3-3........... 115
- Атакующее построение 2-3-2-3 Манчестер Сити (схема 4-3-3)........... 116
- Методика тренировки Пепа Гвардиолы........... 117
- 1. Крайний защитник продвигается вперед, чтобы получить скидку атакующего полузащитника и вести мяч в финальную треть........... 118
- 2. Скидка атакующего полузащитника опорному полузащитнику и проникающий пас нападающему........... 119
- 3. Длинный пас центрального защитника нападающему + проникающий пас «на третьего» атакующему полузащитнику........... 120
- 4. Смена направления атаки и проникающий пас на ход крайнему защитнику выполняющему «забегание»........... 121

Малые и большие двусторонние игры..........122

- 1. Малая двусторонняя игра 5x5 в высоком темпе с полноразмерными воротами........... 123
- 2. Малая двусторонняя игра с тремя командами 7x7(+6)........... 124
- 3. Малая двусторонняя игра 7x7(+1) с полноразмерными воротами в высоком темпе........ 125
- 4. Создание численного преимущества и развитие атак в игре с 3 зонами........... 126
- 5. Позиционная игра 9x7 (+3 вратаря) с 3 воротами........... 127

ДОСТИЖЕНИЯ ПЕПА ГВАРДИОЛЫ

ТРЕНЕР

- **Манчестер Сити**
  (2016 - по настоящее время)
- **Бавария Мюнхен** (2013 – 2016)
- **Барселона** (2008-2012)
- **Барселона Б** (2007-2008)

НАГРАДЫ (Европа/мир)

- Лига Чемпионов УЕФА x 2 (2009, 2011)
- Клубный Чемпионат Мира ФИФА x 3 (2009, 2011, 2013)
- Суперкубок УЕФА x 3 (2009, 2011, 2013)

НАГРАДЫ (Национальные лиги)

- Премьер-лига Англии x 2 (2018, 2019)
- Бундеслига Германии x 3 (2014, 2015, 2016)
- Ла Лига Испании x 3 (2009, 2010, 2011)
- Терсера (второй дивизион) Испании (2008)

НАГРАДЫ (Национальные кубки)

- Кубок Англии (2019)
- Кубок Германии x 2 (2014, 2016)
- Кубок Испании x 2 (2009, 2012)
- Кубок Английской Лиги x 2 (2018, 2019)
- Суперкубок Испании x 3 (2009, 2010, 2011)

ИНДИВИДУАЛЬНЫЕ ПРИЗЫ

- Лучший тренер мира ФИФА (2011)
- Лучший тренер сезона в Европе – приз Press Association (2011)
- Тренер года в Европе – приз Альфа Рамсея (2009)
- Лучший тренер сезона Английской Премьер-Лиги (2018)
- Тренер года в Испании x 4 (2009, 2010, 2011, 2012)

ПЕП ГВАРДИОЛА: ЛУЧШИЕ ЦИТАТЫ ИГРОКОВ

«Меня воспитывал уникальный мастер. Я очень вырос с Пепом как игрок и многому научился у него. Некоторые менеджеры - превосходные тактики, но Пеп также объяснял действия, которые вы должны были выполнить на поле, и что тогда произойдет. И это происходило!»
(Лионель Месси)

«Он действительно помогает игрокам развиваться, и он помог мне совершенствоваться даже в возрасте 30 лет».
(Филипп Лам)

«Он гений, который читает игру и освещает все ситуации, которые можно себе представить. Он всегда показывает нам, как создать пространство и найти решения. И нет менеджера, такого как он, что делает его, вероятно, лучшим в мире».
(Илкай Гюндоган)

«Есть одна вещь, в которой вы можете быть уверены - он хочет доминировать. Люди связывают его команды с большим количеством забитых ими голов, но его команды также мало пропускают. Он всегда хочет быть впереди, иметь мяч, владеть мячом, и он хочет доминировать».
(Тьерри Анри)

«Я многому научился у Пепа. Он гений. Я могу узнать от него больше за час, чем от других за один год. Он поднимает вас на следующий уровень не только на поле, но и в вашей голове. Он открыл мне совершенно новые возможности. Я не знал, что это было возможно, пока я не перебрался в Мюнхен. Он нашел для меня новую роль».
(Дуглас Коста)

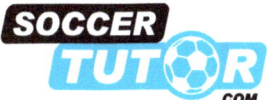

КЛЮЧ К РИСУНКАМ

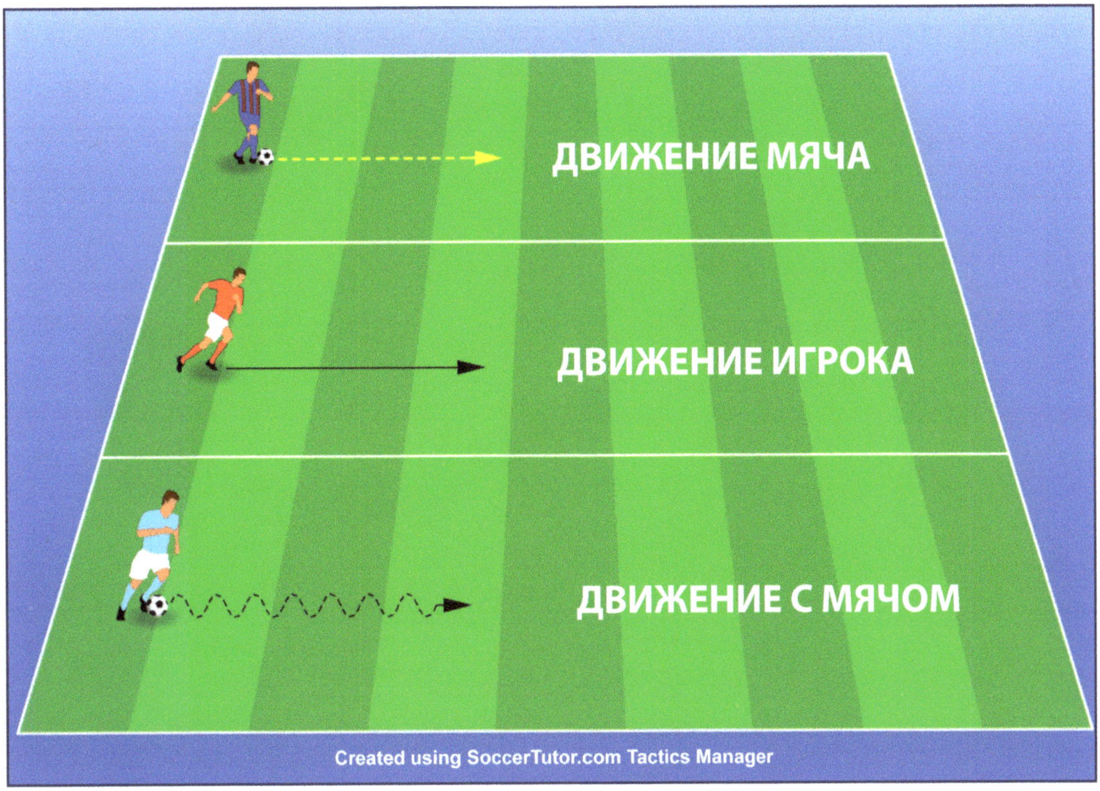
ДВИЖЕНИЕ МЯЧА
ДВИЖЕНИЕ ИГРОКА
ДВИЖЕНИЕ С МЯЧОМ
Created using SoccerTutor.com Tactics Manager

ФОРМАТ УПРАЖНЕНИЙ

- Упражнения, описанные в этой книге, взяты непосредственно из тренировок Пепа Гвардиолы в «Манчестер Сити», «Баварии» Мюнхен и ФК «Барселона».
- Каждое упражнение включает в себя тему / название упражнения и четкие диаграммы с подробным описанием.

Упражнения разминки из тренировочных занятий

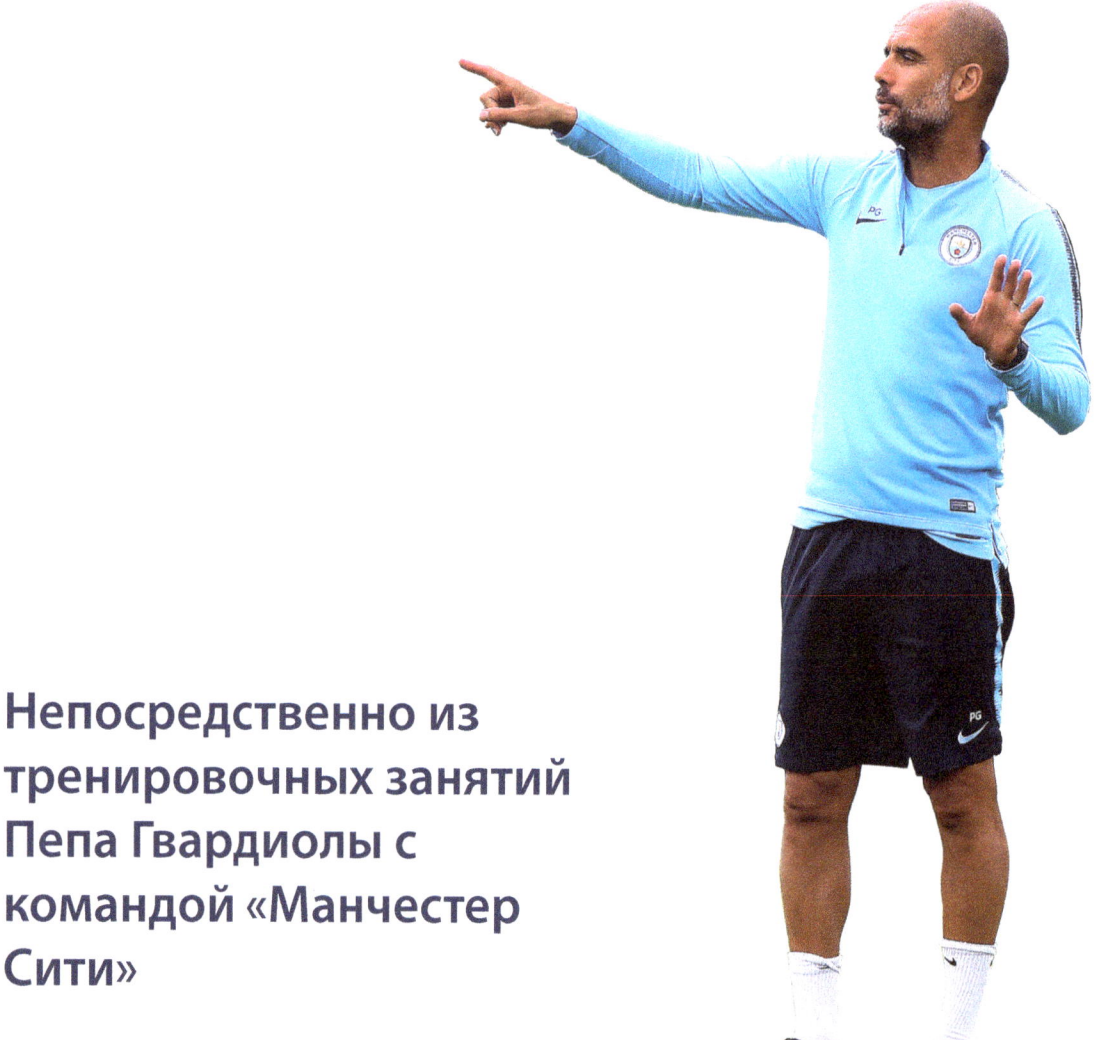

Непосредственно из тренировочных занятий Пепа Гвардиолы с командой «Манчестер Сити»

Пеп Гвардиола: Упражнения разминки из тренировочных занятий

1. Комбинационная игра в одно касание с передачей верхом в разминке

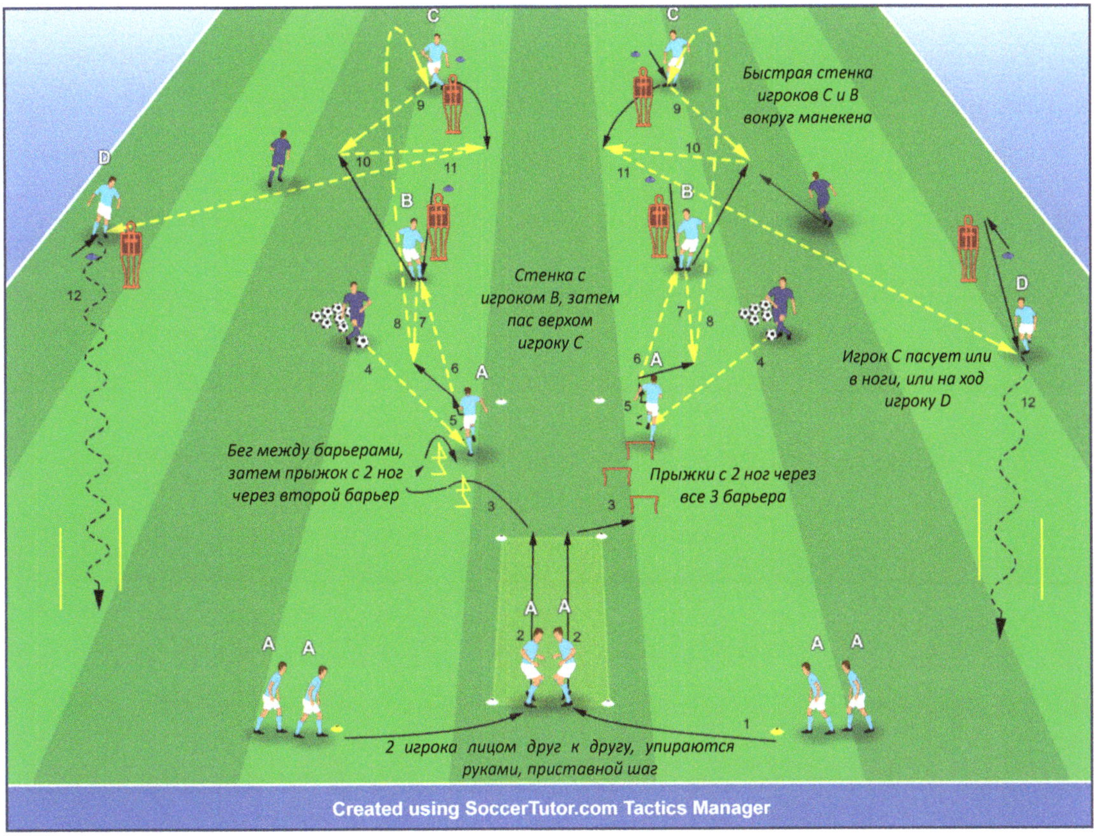

Все игроки меняют позиции (A -> B -> C -> D -> A).

Описание

1. Игроки A встречаются в середине, лицом друг к другу.
2. Они упираются руками и приставным шагом двигаются до белых маркеров.
3. Игрок A слева перемещается между барьерами и прыгает толкаясь двумя ногами над вторым барьером. Игрок A справа прыгает толкаясь двумя ногами через все 3 барьера.
4. Тренер передаёт мяч игроку A.
5. Игрок A получает мяч.
6. Игрок A пасует игроку B.
7. Игрок B выполняет обратный пас (стенка).
8. Игрок A выполняет пас верхом игроку C.
9. Игрок C возвращает мяч игроку B.
10. Игрок B пасует на ход игроку C перед манекеном.
11. Игрок C либо пасует в ноги игроку D, либо пасует на ход игроку D в зону перед манекеном.
12. Игрок D получает мяч и ведёт его между жёлтых стоек к началу.

Источник: занятие Пепа Гвардиолы с командой «Манчестер Сити» на тренировочном поле «Этихад Кампус», Манчестер – 13 февраля 2019 года

Пеп Гвардиола: Упражнения разминки из тренировочных занятий

2. Скорость, ловкость и техника в разминке по кругу

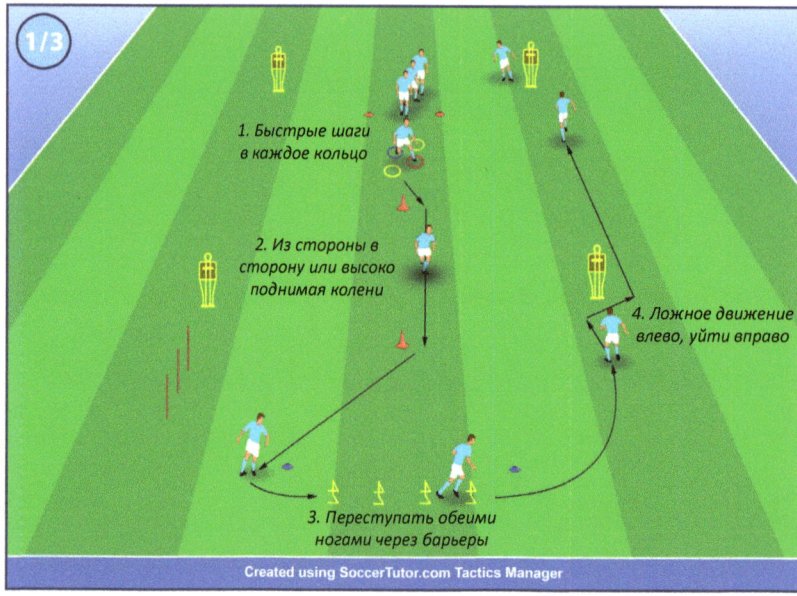

Игроки двигаются против часовой стрелки.

Вариант 1/3

1. Игроки выполняют быстрые шаги в каждое кольцо.
2. Игроки двигаются из стороны в сторону, или высоко поднимая колени.
3. Быстро переступать обеими ногами через 4 низких барьера.
4. Показать влево, уйти вправо, мимо манекена.
5. Бежать обратно, к линии старта.

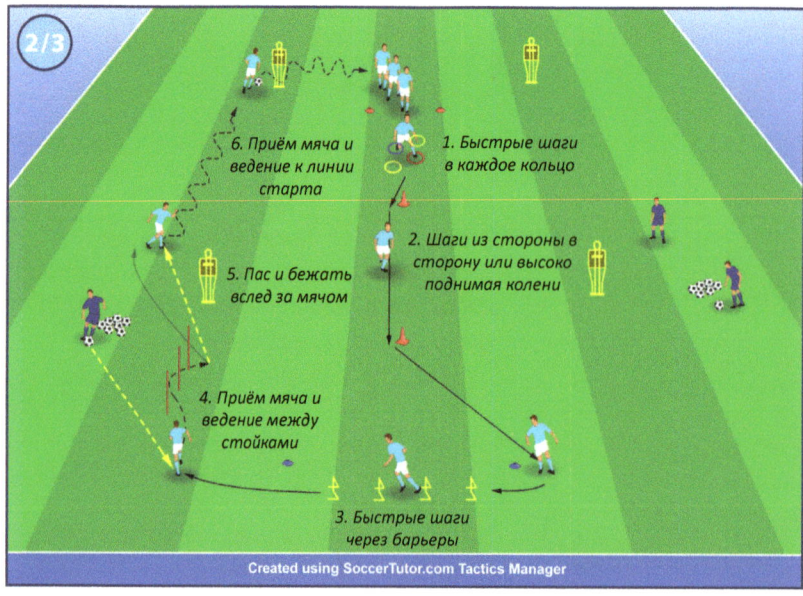

Игроки двигаются по часовой стрелке.

Вариант 2/3

1-3. То же, что и вариант 1/3.
4. Получить передачу от тренера и вести мяч между стоек.
5. Пас партнёру по команде и следовать за мячом.
6. Приём мяча и скоростное ведение вокруг манекена к линии старта.

Источник: занятие Пепа Гвардиолы с командой «Манчестер Сити» на тренировочном поле «Этихад Кампус», Манчестер – 16 октября 2017 года

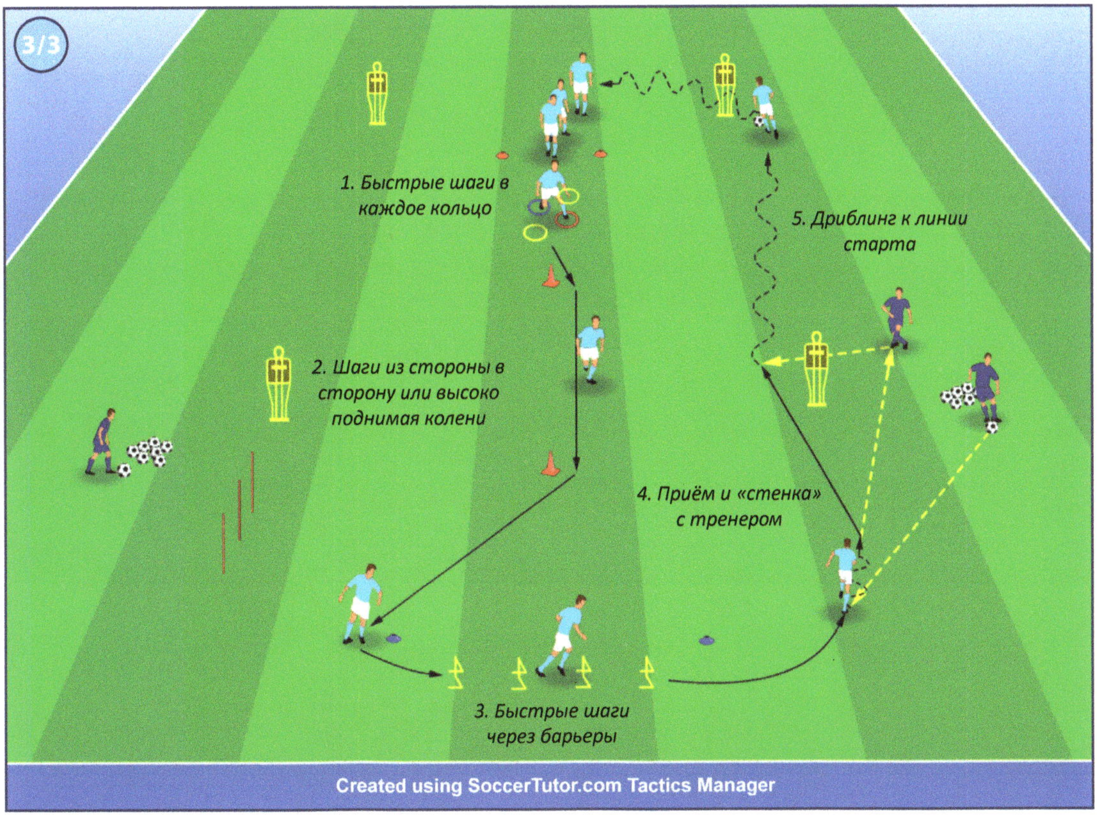

Игроки двигаются против часовой стрелки.

Вариант 3/3

1. Игроки делают быстрые шаги в каждое кольцо.
2. Игроки двигаются из стороны в сторону, или высоко поднимая колени.
3. Обеими ногами переступать через 4 низких барьера.
4. Получить пас от первого тренера, а затем сыграть в стенку со вторым тренером, получив обратный пас манекеном.
5. Вести мяч вокруг манекена и вернуться к началу.

Пеп Гвардиола: Упражнения разминки из тренировочных занятий

3. Скорость и ловкость в разминке по кругу + рондо 5x2

2 минуты
- Подскоки на одной ноге
- Захлёст голени
- Поднимание бедра
- Скрестный шаг
- Приставной шаг из стороны в сторону
- Приставной из стороны в сторону спиной вперёд
- Колено внутрь, колено наружу (над барьерами)
- 1,5 минуты растяжка

Вратари тренируются отдельно, ловят мячи после ударов и подач от тренеров.

Описание 1/2

Игроки разминаются в группах по 5 человек и просто двигаются вокруг манекена и конуса, выполняя следующие упражнения в течение 2 минут:

- Подскоки на одной ноге.
- Захлёст голени.
- Высокое поднимание бедра.
- Скрестный шаг.
- Приставной шаг из стороны в сторону.
- Приставной шаг из стороны в сторону спиной вперёд.
- Колено внутрь, колено наружу над низкими барьерами (вращение бедра).

Затем выполняются упражнения на растяжку в течение 1,5 минут.

Источник: занятия Пепа Гвардиолы с командой «Манчестер Сити» на тренировочном поле «Этихад Кампус», Манчестер - 12 февраля 2018 года

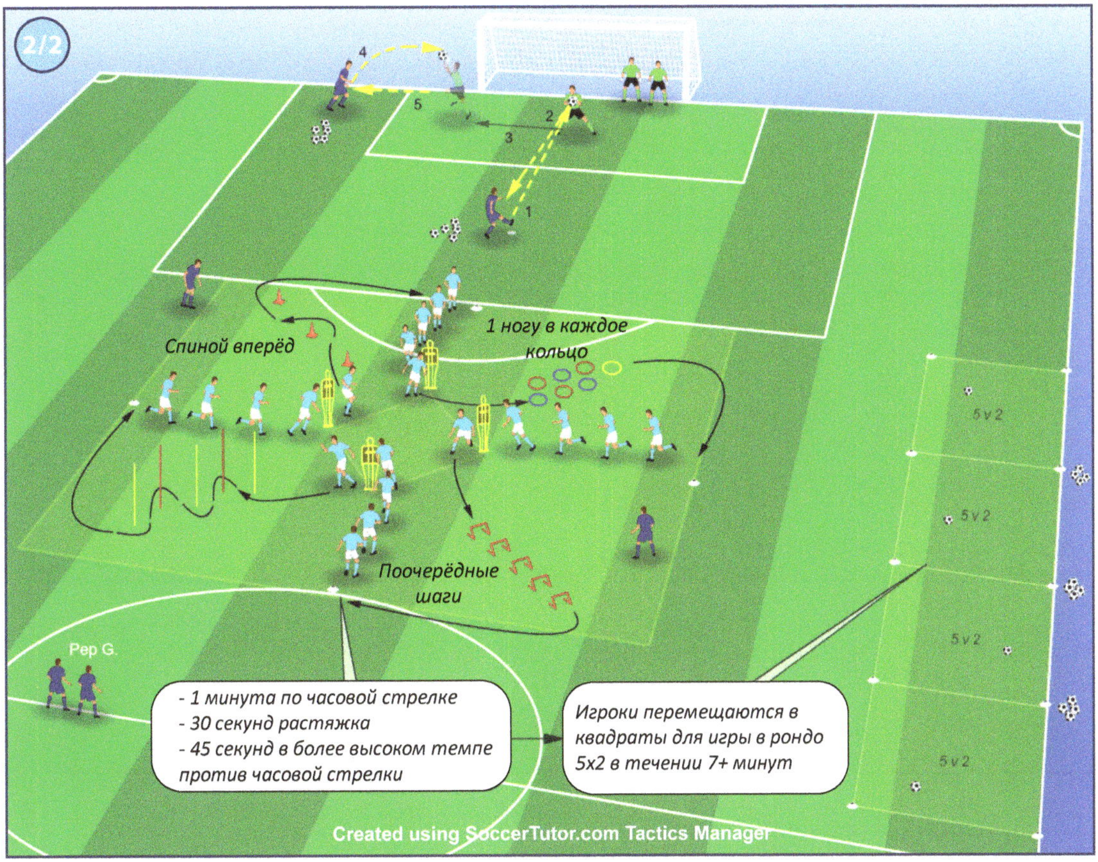

Пеп Гвардиола: Упражнения разминки из тренировочных занятий

Игроки начинают от белых маркеров в своих группах по 5 человек и двигаются по часовой стрелке.

Описание 2/2

1. Бег вокруг манекена.
2. Приставной шаг из стороны в сторону между стоек.
3. Бег вокруг манекена.
4. Приставной шаг из стороны в сторону спиной вперёд между конусов.
5. Бег вокруг манекена.
6. Быстрые шаги через «скоростные кольца» (ставить одну ногу в каждое кольцо).
7. Бег вокруг манекена.
8. Бег через низкие барьеры (ставить одну ногу в каждый промежуток).
- Затем выполняются упражнения на растяжку в течение 30 секунд.
- Затем игроки повторяют круг в направлении против часовой стрелки в более высоком темпе.
- В завершение разминки футболисты играют в рондо 5х2 в течение 7 минут.

Источник: занятия Пепа Гвардиолы с командой «Манчестер Сити» на тренировочном поле «Этихад Кампус», Манчестер - 12 февраля 2018 года

Разминка перед матчем «Манчестер Сити»

Непосредственно из разминки «Манчестер Сити» перед игрой

Пеп Гвардиола: Разминка перед матчем «Манчестер Сити»

Разминка перед матчем команды «Манчестер Сити»

Часть 1/5. Индивидуальные общеразвивающие упражнения

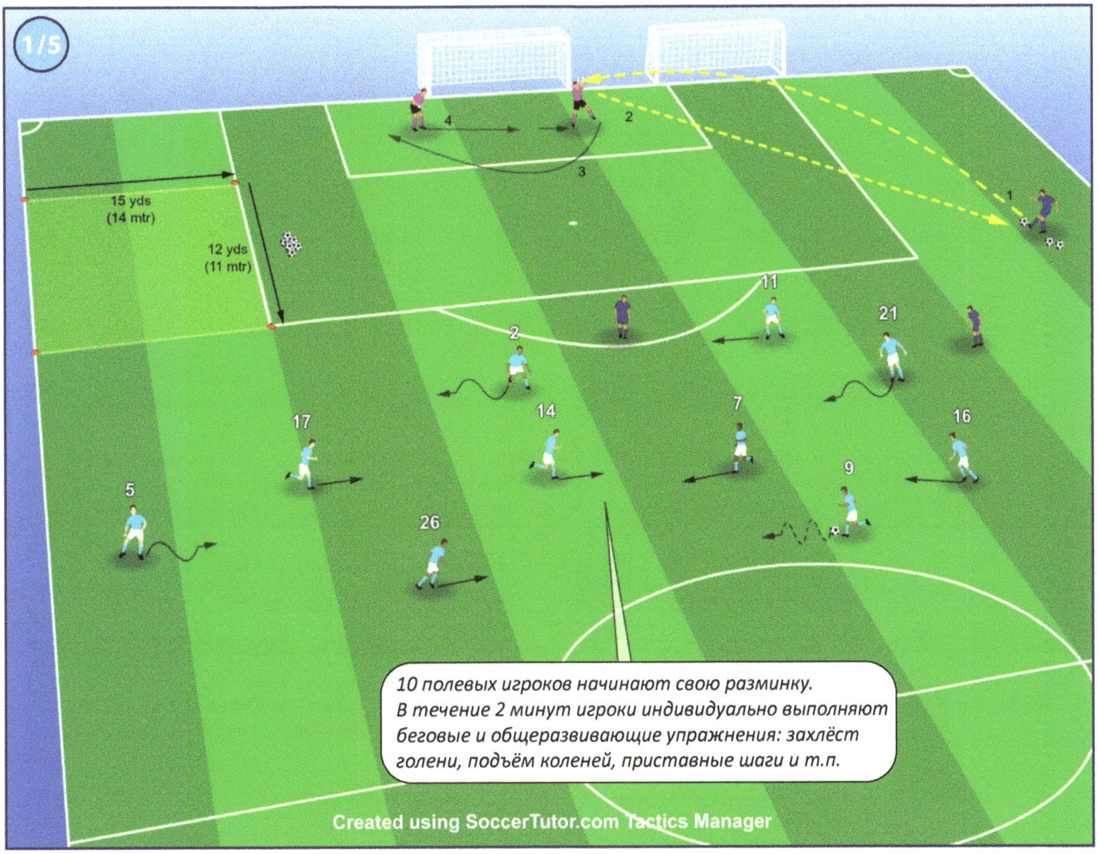

Игроки выбегают на поле и у них есть 2 минуты до начала коллективных разминочных упражнений.

Полевые игроки

- 10 полевых игроков распределяются по полю, чтобы начать разминку.
- В течение 2 минут игроки индивидуально выполняют общеразвивающие упражнения: высокое поднимание бедра, приставной шаг из стороны в сторону и т. д.

Вратари

- Вратари работают с тренером вратарей и по очереди ловят мяч после подачи, как показано на рисунке.

Источник: разминка «Манчестер Сити» перед матчем в Премьер-Лиге против команды «Вест Хэм» на «Лондон Стэдиум» - 10 августа 2019 года

Часть 2/5. Динамические упражнения и растяжка

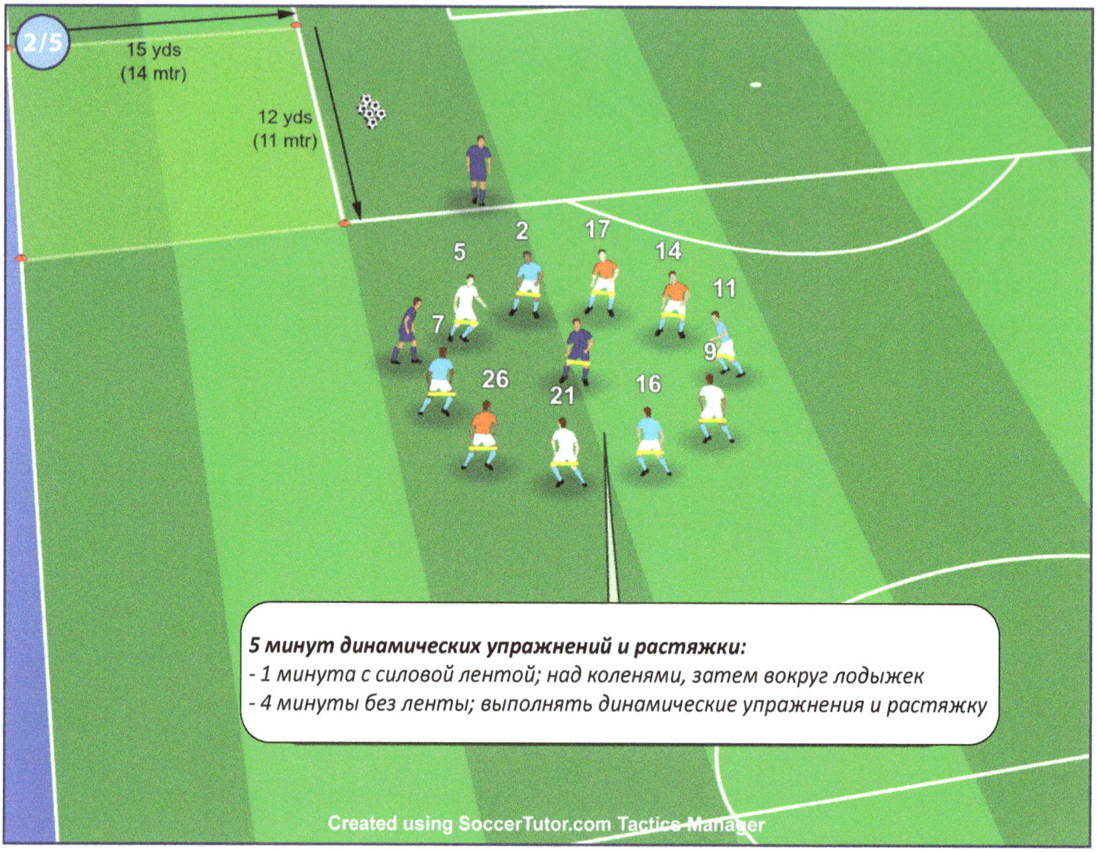

5 минут динамических упражнений и растяжки:
- *1 минута с силовой лентой; над коленями, затем вокруг лодыжек*
- *4 минуты без ленты; выполнять динамические упражнения и растяжку*

С силовой лентой (1 мин)

1. **С силовой лентой выше колена:** 10 поворотов верхней части тела с согнутыми коленями; 5 приседаний; 12 диагональных шагов назад и вперёд (по 6 в каждую сторону); пол-оборота и шаг назад и вперёд одной ногой с согнутыми коленями (по 3 в каждую сторону).

2. **С силовой лентой над лодыжками:** шаг в сторону, затем обратно + шаг назад, затем обратно (3-4 с каждой стороны); 2 боковых шага и прыжок (по 2 с каждой стороны).

Без силовой ленты (4 мин)

1. Удары ногами (слева и справа), вращение бедер, повороты и прыжки + растяжка.

2. Выбрасывать ноги вперёд, высоко поднимая колени (левой и правой), имитировать перешагивание через препятствие, затем бедро наружу.

3. Подскоки из круга, высокое поднимание бедра обратно.

4. Подскоки из круга, захлёст голени обратно.

5. Растяжка (квадрицепсы / пах) + движение бёдрами и вращение.

6. Приставной шаг, из круга и обратно х 2.

7. Движение бёдрами + растяжка (квадрицепсы/пах).

8. Скрестный шаг, из круга и обратно.

9. Повороты бедра, из круга и обратно.

10. Упражнения на подвижность + растяжка

11. Прыжки + пауза, из круга и обратно.

Источник: разминка «Манчестер Сити» перед матчем в Премьер-Лиге против команды «Вест Хэм» на «Лондон Стэдиум» - 10 августа 2019 года

Пеп Гвардиола: Разминка перед матчем «Манчестер Сити»

Часть 3/5. Рондо 4х4(+3)

Рондо 4(+3)х4

Зона 11х14 метров, две команды по 4 игрока (синие и оранжевые)+3 белых джокера которые играют за команду владеющую мячом.

Если обороняющиеся (синие) выигрывают мяч, команды меняются ролями.

3-4 серии: игра 1 минуту, отдых 30 секунд.

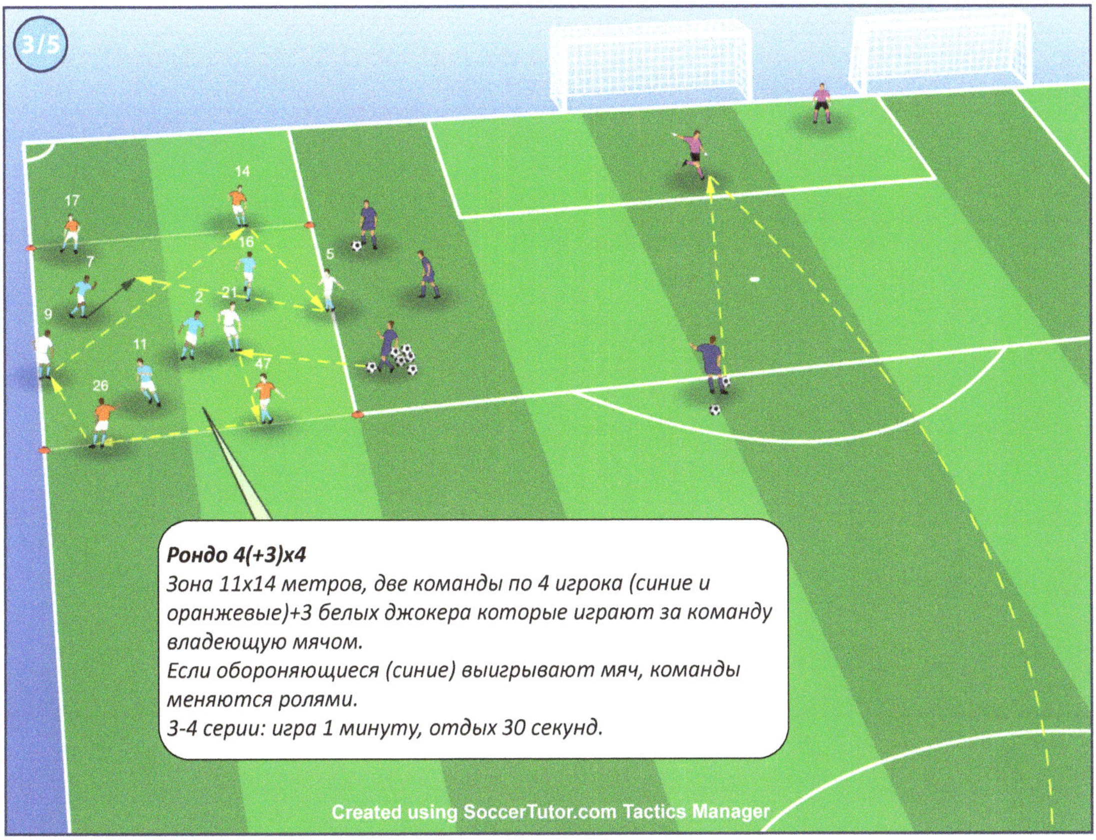

Чтобы посмотреть видео этой части разминки «Манчестер Сити» перед матчем «Рондо 4х4(+3)» пожалуйста, сканируйте QR код на ваш смартфон

3-4 повтора: играть 1 минуту, отдыхать в течение 30 секунд.

Описание

- В зоне 11х14 метров, играют 2 команды по 4 человека (синие и оранжевые) + 3 белых «джокера».

- Все четыре оранжевых игрока расположены по более длинным сторонам (по 2 с каждой стороны), и все синие игроки играют внутри зоны. На каждом конце 1 белый джокер и 1 джокер внутри.

- Оранжевая команда использует свое численное преимущество (7 против 4), чтобы сохранить владение мячом. Синяя команда пытается выиграть мяч, и если они это делают, команды меняются ролями.

- Оранжевые игроки двигаются внутрь, чтобы попытаться немедленно вернуть себе мяч. Синие выходят из зоны и пытаются сохранить владение мячом с помощью 3 «джокеров».

Источник: разминка «Манчестер Сити» перед матчем в Премьер-Лиге против команды «Вест Хэм» на «Лондон Стэдиум» - 10 августа 2019 года

Пеп Гвардиола: Разминка перед матчем «Манчестер Сити»

Часть 4/5. Передачи, игра головой и удары

4/5

2b Зинченко (11) выполняет с тренером 3 коротких передачи перед длинным пасом на ход. После этого, они делают 2 коротких паса, а затем тренер ведёт мяч на Зинченко, который плассируется 3 секунды

2a 3 защитника 14,5 и 2 по очереди выполняют короткие пасы головой обратно тренеру

3 нападающих и Де Брюйне (17) работают над завершением. Тренер выполняет различные скидки: в сторону, с прессингом, скачущий мяч

Сильва и Родри выполняют передачи друг другу

1 Все 4 защитника 2,5,11 и 14 начинают с длинных передач друг другу

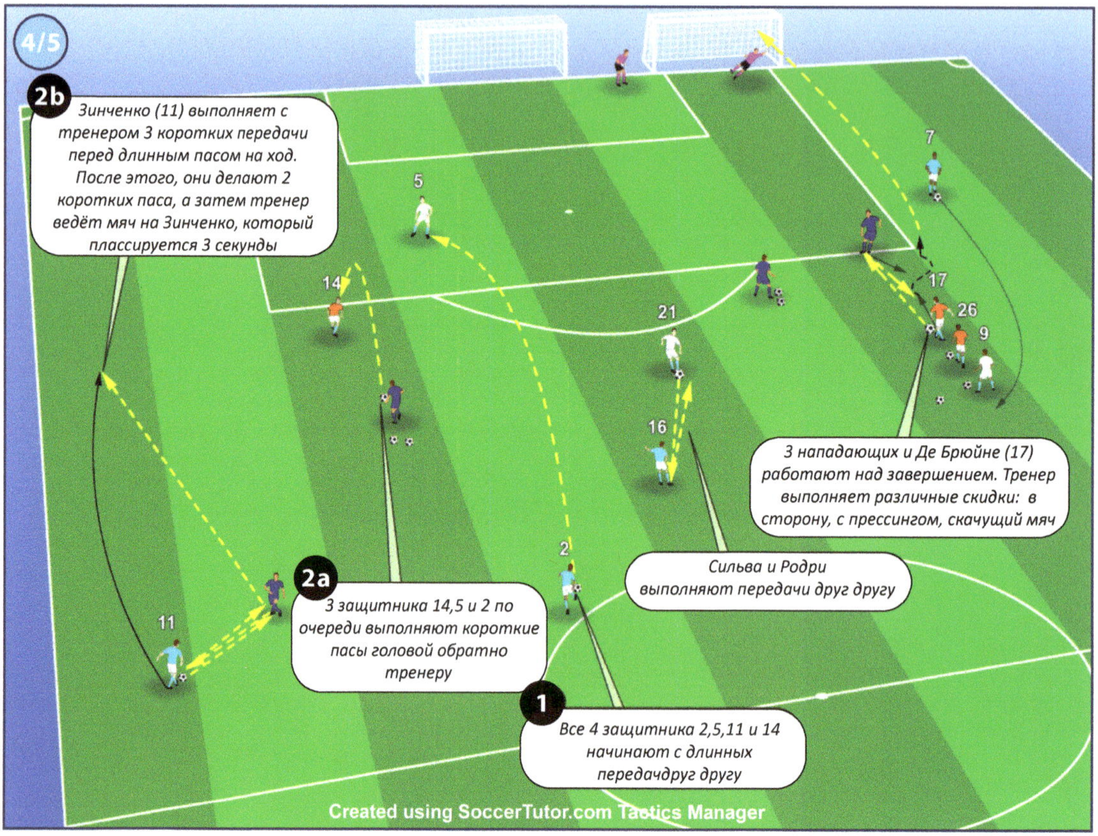

Чтобы посмотреть видео этой части разминки «Манчестер Сити» перед матчем «Передачи, игра головой и удары» пожалуйста, сканируйте QR код на ваш смартфон

Нападающие
- Нападающий **Жезус (9)**, левый вингер **Стерлинг (7)** и правый вингер **Марез (26)**, к ним присоединяется атакующий полузащитник **Де Брюйне (17)**. Они выполняют удары после различных скидок от тренера: в сторону, с давлением, скачущий мяч.

Полузащитники
- Атакующий полузащитник **Сильва (21)** и опорный полузащитник **Родриго (16)** выполняют передачи друг другу.

Защитники
1. Все четыре защитника начинают с длинных передач.
2a. **Лапорт (14), Стоунз (5) и Уокер (2)** выполняют короткие пасы головой обратно тренеру.
26. Левый защитник **Зинченко (11)** выполняет передачи с тренером туда и обратно несколько раз, прежде чем выполнить рывок по флангу, а тренер делает пас ему на ход. Затем они снова выполняют несколько передач, прежде чем тренер ведет мяч к **Зинченко (11)**, который сначала стремительно сокращает расстояние, а затем делает уступающее движение (плассируется) в течение 3 секунд.

Источник: разминка «Манчестер Сити» перед матчем в Премьер-Лиге против команды «Вест Хэм» на «Лондон Стэдиум» - 10 августа 2019 года

Часть 5/5. Спринты в парах

[Иллюстрация упражнения с текстовой вставкой:]

Игроки выполняют 4 различных быстрых движения на месте (например: высокое поднимание бедра), а затем быстро бегут мимо тренера.

После заключительного упражнения игроки бегут до средней линии и уходят с поля

Чтобы посмотреть видео этой части разминки «Манчестер Сити» перед матчем «Спринты в парах» пожалуйста, сканируйте QR код на ваш смартфон

Игроки в парах выполняют 4 различных быстрых движения на месте, а затем бегут мимо тренера.

Описание

1. Высокое поднимание бедра + спринт.
2. Прыжки с поворотами + спринт.
3. Имитация удара головой лицом друг к другу + спринт.
4. Лицом друг к другу, короткое ложное движение в одну сторону + длинный спринт до средней линии.
5. Покинуть поле.

Источник: разминка «Манчестер Сити» перед матчем в Премьер-Лиге против команды «Вест Хэм» на «Лондон Стэдиум» - 10 августа 2019 года

Упражнения для развития скорости и ловкости без мяча

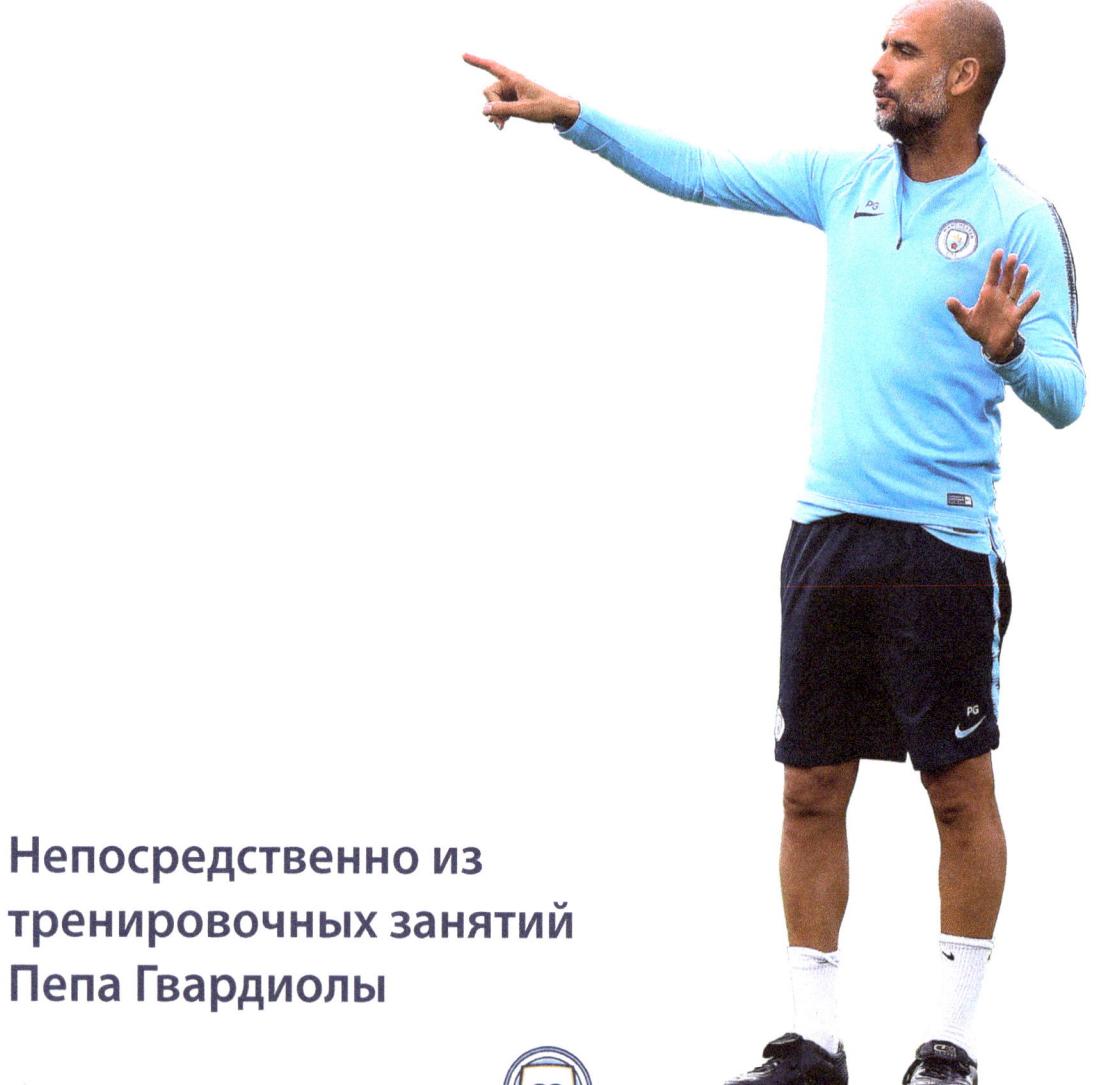

Непосредственно из тренировочных занятий Пепа Гвардиолы

Пеп Гвардиола: Упражнения для развития скорости и ловкости без мяча

1. Упражнения на развитие взрывной силы с барьерами и силовыми лентами

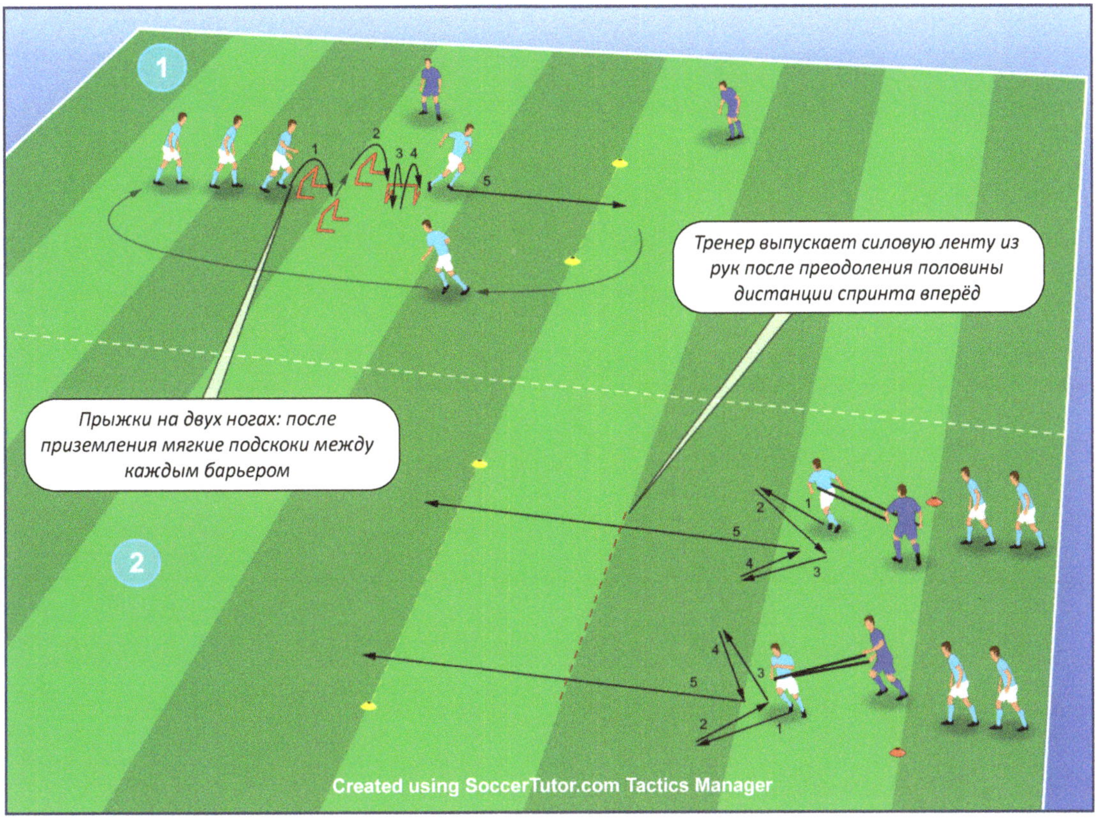

Тренер выпускает силовую ленту из рук после преодоления половины дистанции спринта вперёд

Прыжки на двух ногах: после приземления мягкие подскоки между каждым барьером

Группа 1

1. Прыгнуть вперед через первый барьер на 2 ногах и двигаться влево (или вправо). После приземления использовать мягкие скачки между каждым барьером.
2. Прыгнуть вперед через второй барьер, толкаясь 2 ногами.
3. Прыгнуть в сторону через третий барьер.
4. Перепрыгнуть обратно через третий барьер.
5. Спринт вперед.

Группа 2

1. Спринт влево (или вправо), тренер держит силовую ленту вокруг талии игрока.
2. Вернуться в исходное положение.
3. Повторить движение в противоположную сторону (вправо или влево).
4. Вернуться в исходное положение.
5. Игрок стартует прямо к жёлтому маркеру, и тренер выпускает силовую ленту из рук после преодоления половины дистанции спринта.

Источник: занятия Пепа Гвардиолы с командой «Манчестер Сити» на тренировочном поле Этихад Кампус, Манчестер

2. Скоростные и координационные упражнения для ног + бег

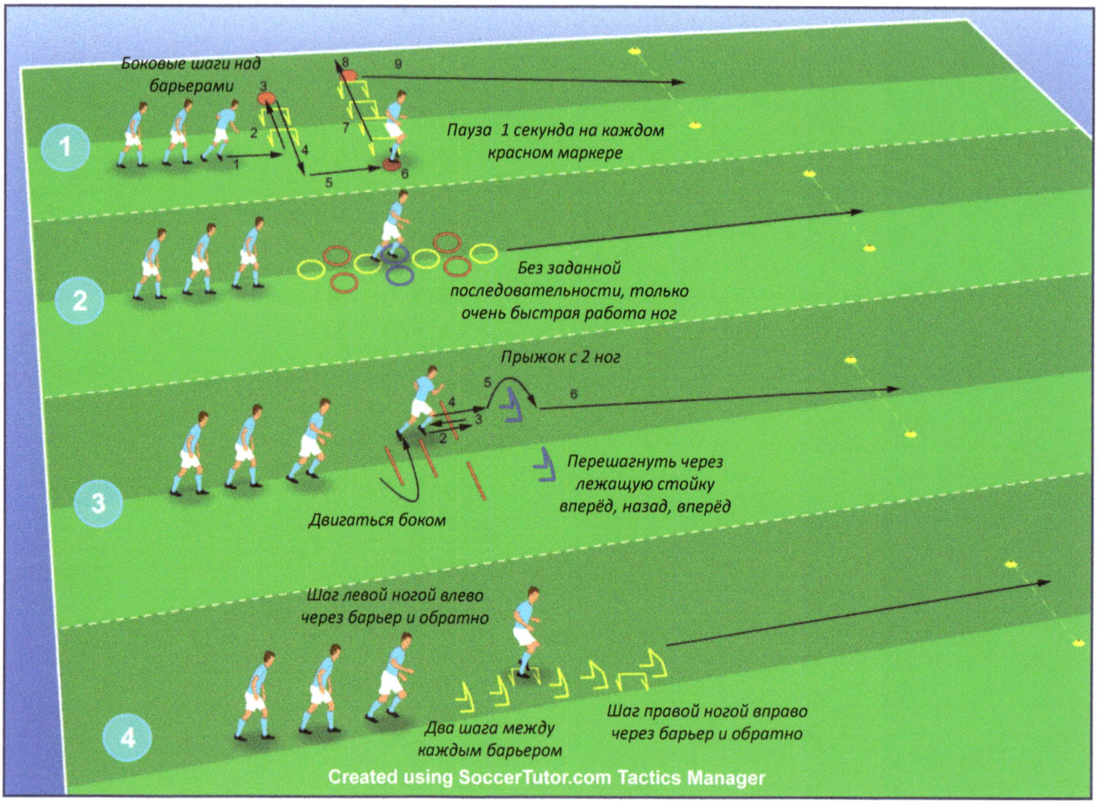

Группа 1
- Выполнить боковые шаги через низкие барьеры, делая паузу в 1 секунду на каждом красном маркере.
- Спринт между жёлтыми маркерами.

Группа 2
- Быстрые шаги через скоростные кольца (без заданной последовательности).
- Спринт между жёлтыми маркерами.

Группа 3
- Двигаться боком между первыми двумя лежащими стойками, а затем двигаться влево или вправо.
- Перешагивать обеими ногами через следующую лежащую стойку, вперёд, назад и затем снова вперёд.
- Завершить прыжком с двух ног через барьер и спринтом между жёлтыми маркерами.

Группа 4
- Выполнить два быстрых шага между каждым барьером.
- Чтобы преодолеть барьер слева, сделать шаг через него только левой ногой, а затем вернутся назад.
- Чтобы преодолеть правый барьер, сделать шаг через него только правой ногой, а затем вернуться назад.
- Спринт между жёлтыми маркерами.

Источник: занятия Пепа Гвардиолы с командой «Манчестер Сити» на тренировочном поле Этихад Кампус, Манчестер

Пеп Гвардиола: Упражнения для развития скорости и ловкости без мяча

3. Упражнения на скорость и координацию движения ног со спринтом под разными углами

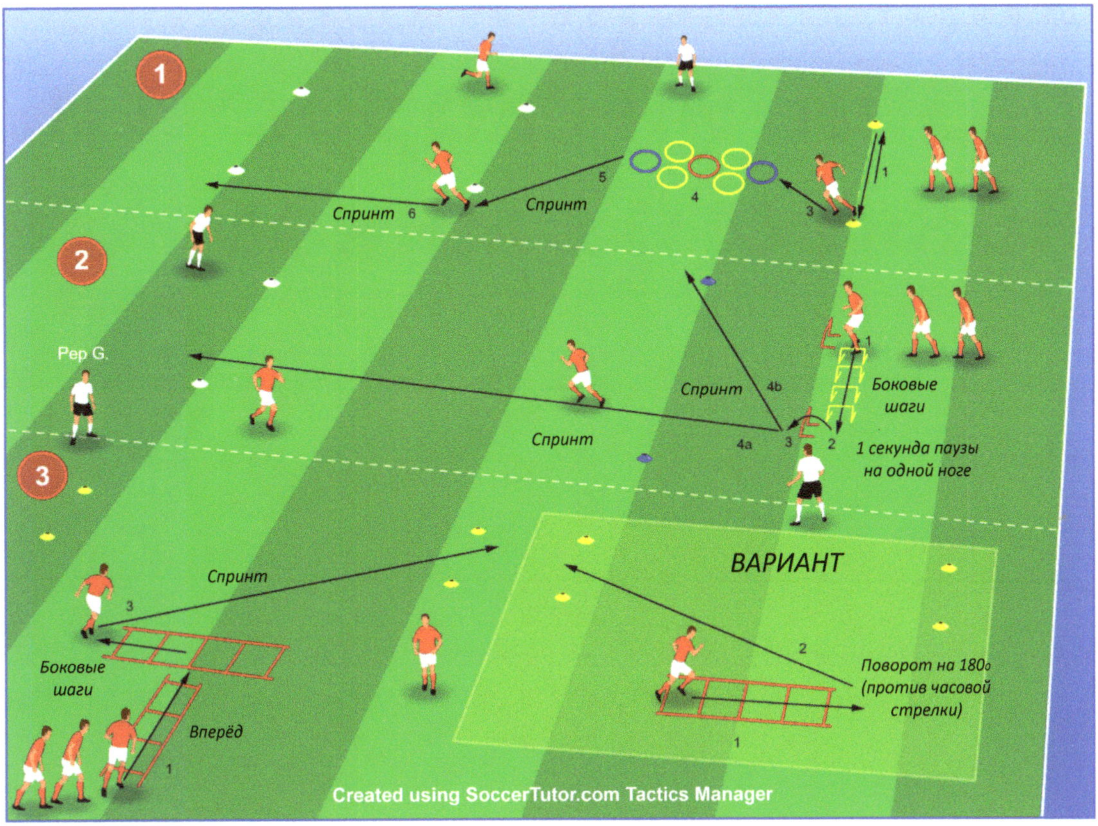

Группа 1
- Приставной шаг к правому маркеру, затем назад к левому.
- Быстрые шаги через кольца скорости.
- Спринт по диагонали до 1-го белого маркера.
- Спринт вперед ко второму белому маркеру.

Группа 2
- Боковые шаги через низкие желтые барьеры.
- Один шаг вперед через низкий красный барьер.
- Короткий диагональный спринт к синему маркеру или более длинный прямой спринт между белыми маркерами.

Группа 3
- Быстрые шаги вперед по координационной лестнице №1.
- Боковые шаги по координационной лестнице №2 (влево или вправо).
- Спринт по диагонали между желтыми маркерами.

Группа 3 Вариант
- Быстрые шаги вперед по координационной лестнице.
- Поворот на 180° против часовой стрелки.
- Спринт по диагонали между жёлтыми маркерами.

Источник: занятия Пепа Гвардиолы с командой «Бавария» Мюнхен на тренировочном поле Зэбенерштрассе, Мюнхен – 9 января 2014 года

Упражнения для развития скорости и ловкости с мячом

Непосредственно из тренировочных занятий Пепа Гвардиолы с командой «Барселона»

Пеп Гвардиола: Упражнения для развития скорости и ловкости с мячом

1. Двойная комбинация «стенка» и удары в упражнении для развития скорости и ловкости

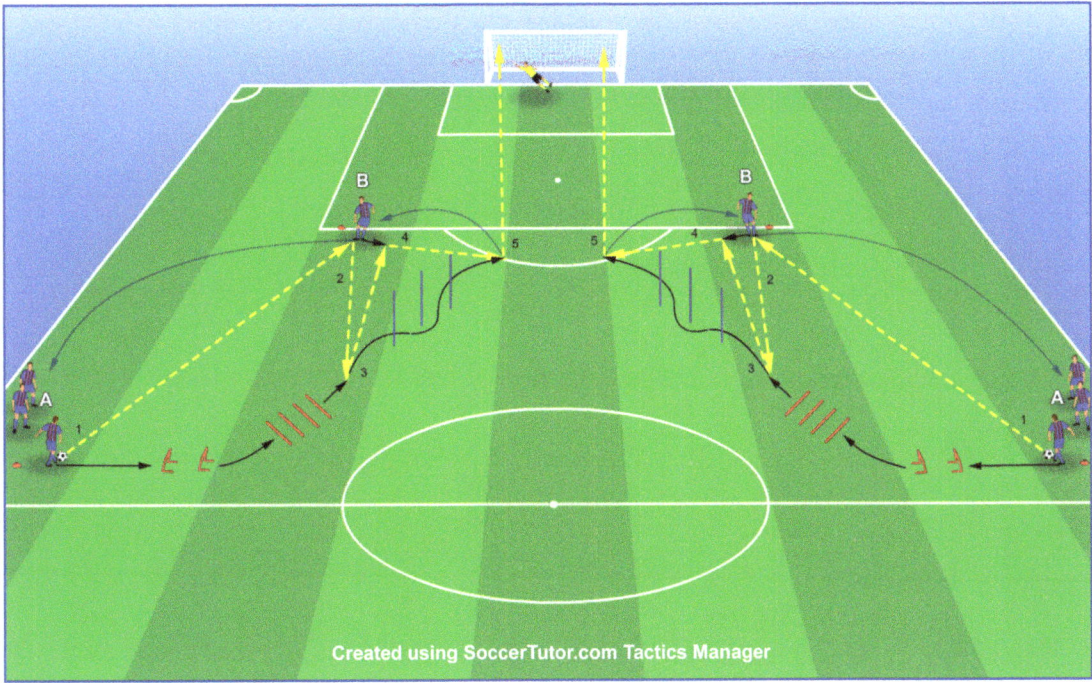

Каждое повторение занимает 9-10 секунд. Игроки выполняют 2 серии по 8 минут, с перерывом на 2 минуты.

Описание

1. Игрок A делает длинный пас игроку B, перепрыгивает через два низких барьера, а затем бежит длинными шагами по красным лежащим стойкам.

2. Игрок B выполняет обратный пас игроку A в зону после красных лежащих стоек.

3. Игрок A возвращает мяч игроку B, а затем бежит между синих стоек (слалом), как показано на рисунке.

4. Игрок B пасует внутрь, на ход игроку A.

5. Игрок A наносит удар из-за пределов штрафной.

6. Игроки меняют позиции (A -> B -> A), и следующий игрок начинает.

Источник: тренировочные занятия Пепа Гвардиолы с командой «Барселона-Б» (2007-2008)

2. Дриблинг, длинный пас, комбинация «стенка» и удары в упражнении на развитие скорости и ловкости

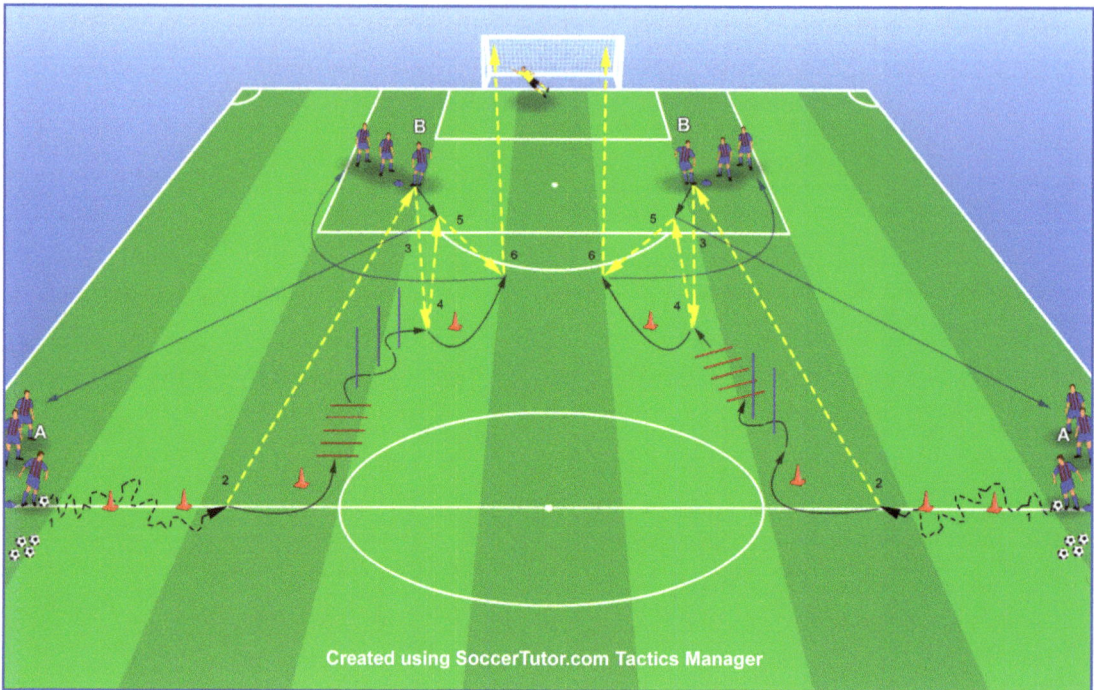

Одна серия - 3 повторения на каждой стороне поля (всего 6 ударов). Игроки выполняют 2 серии с перерывом в 3 минуты между ними.

Описание

1. Игрок А ведет мяч между конусов.

2. Игрок А выполняет длинный пас игроку В, бежит вокруг конуса, бежит длинными шагами по красным лежащим стойкам, а затем бежит по между синими стойками (слалом).

3. Игрок В пасует игроку А в зону после синих стоек.

4. Игрок А возвращает мяч В, а затем бежит вокруг конуса, как показано на рисунке.

5. Игрок В пасует обратно, на ход игроку А.

6. Игрок А наносит удар из-за пределов штрафной.

7. Игроки меняют позиции (A -> B -> A), и следующий игрок начинает.

После 3 повторений на одной стороне игроки перемещаются на другую сторону из позиции игрока В.

Источник: тренировочные занятия Пепа Гвардиолы с командой «Барселона-Б» (2007-2008)

3. Быстрые изменения направления движения, двойная комбинация «стенка» и удары в упражнении на развитие скорости и ловкости

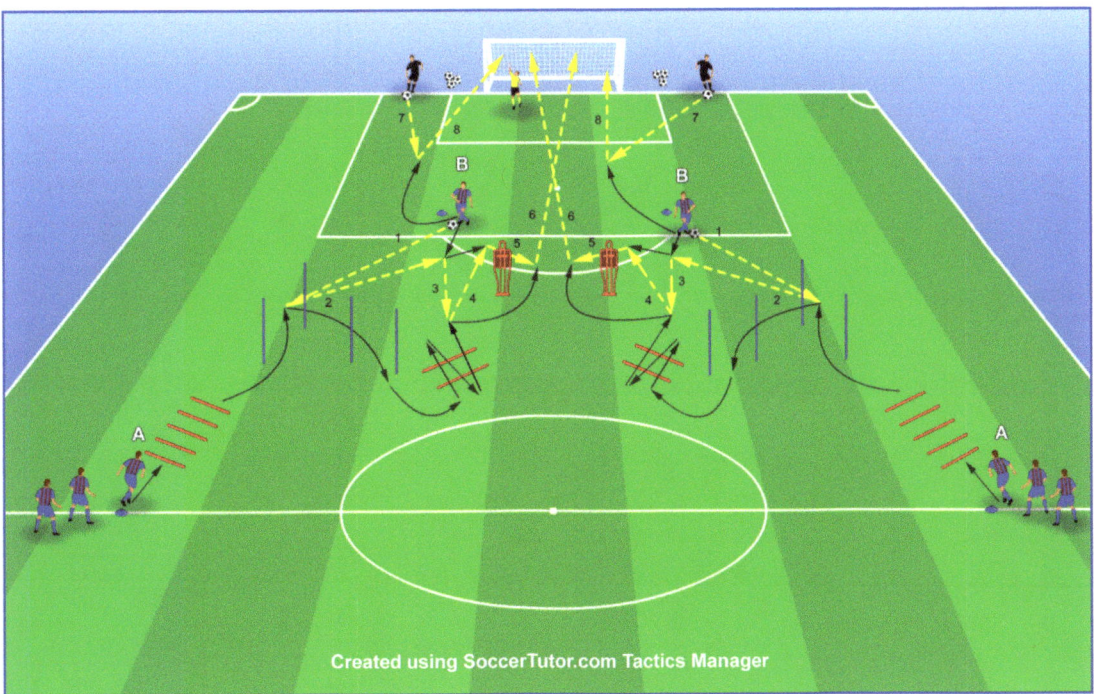

Одна серия, это 3 повторения на каждой стороне поля (всего 6 ударов). Игроки выполняют 2 серии, с 3-минутным отдыхом между ними.

Описание

1. Игрок A бежит длинными шагами через красные лежащие стойки и между первыми 2 синими стойками, где игрок B пасует игроку A.

2. Игрок A возвращает мяч игроку B, смещается поперёк и бежит между следующими двумя синими стойками. Затем игрок A перешагивает вперёд, назад и снова вперёд через красные лежащие стойки.

3. Игрок B пасует игроку A.

4. Игрок A играет в стенку с игроком B.

5. Игрок B выполняет ответный пас, на ход игроку A который бежит вокруг манекена.

6. Игрок A наносит удар из-за пределов штрафной.

7. Тренер передает новый мяч игроку B.

8. Игрок B двигается вперед и пытается забить.

9. Игроки меняют позиции (A -> B -> A), и следующий игрок начинает.

После 3 повторений на одной стороне игроки перемещаются на другую сторону от позиции игрока B.

Источник: тренировочные занятия Пепа Гвардиолы с командой «Барселона-Б» (2007-2008)

Пеп Гвардиола: Упражнения для развития скорости и ловкости с мячом

4. Дриблинг, пас на фланг, подача и завершение в упражнении на развитие скорости и ловкости

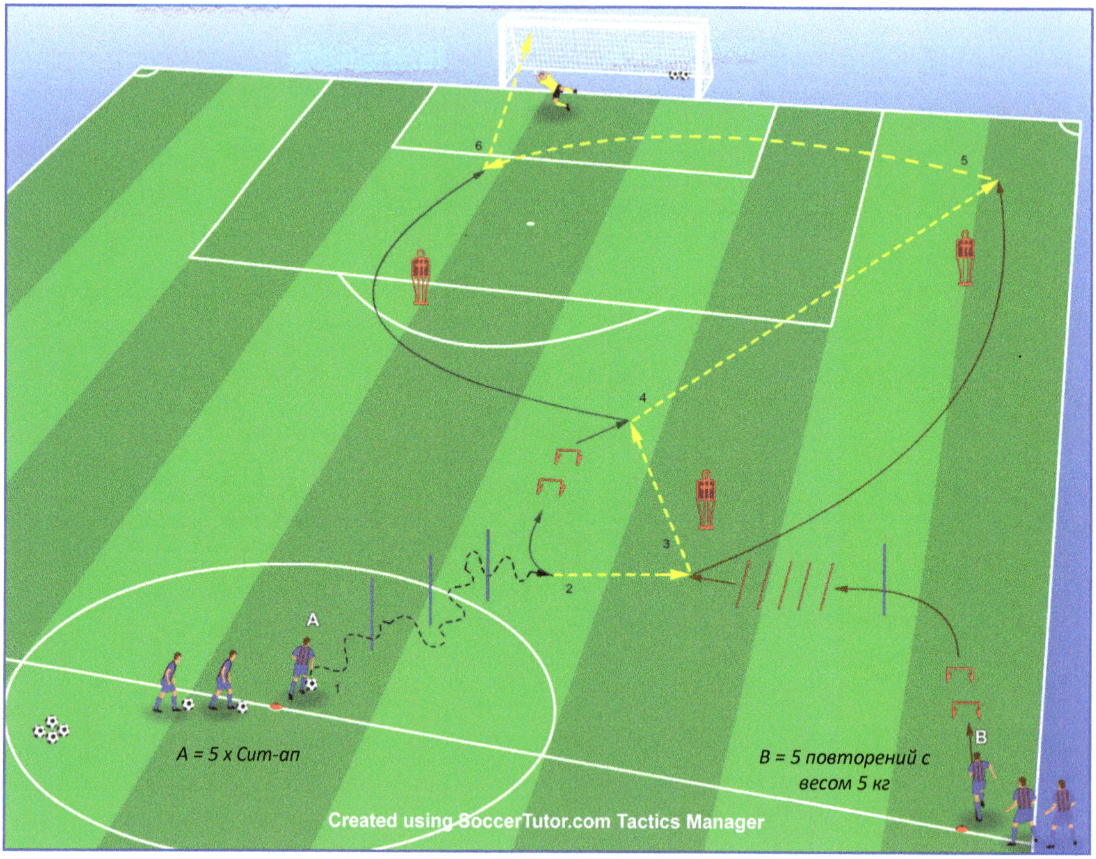

Игроки выполняют серию 1 из 4 кругов и серию 2 из 3 кругов с перерывом в 3 минуты между ними. После второй серии расстояния в цепи уменьшается на 20%.

Описание

1. Игрок А выполняет 5 повторений упражнения «Сит-ап» а затем ведёт мяч между стоек. Игрок В выполняет 5 повторений с весом 5 кг.

2. Игрок А пасует игроку В, который перепрыгнул через 2 барьера, бежит вокруг стойки и затем бежит длинными шагами через лежащие стойки.

3. Игрок В выполняет ответный пас в зону перед барьерами, на ход игроку А, который принимает мяч после перепрыгивания через оба барьера.

4. Игрок А выполняет передачу в направлении углового флага на ход игроку В, который бежит по флангу за спиной манекена.

5. Игрок В выполняет подачу в штрафную площадь игроку А, который пробежал вокруг манекена.

6. Игрок А пытается забить.

Источник: тренировочные занятия Пепа Гвардиолы с командой «Барселона-Б» (2007-2008)

Пеп Гвардиола: Упражнения для развития скорости и ловкости с мячом

5. Скидка, пас на фланг, подача и завершение в упражнении на развитие скорости

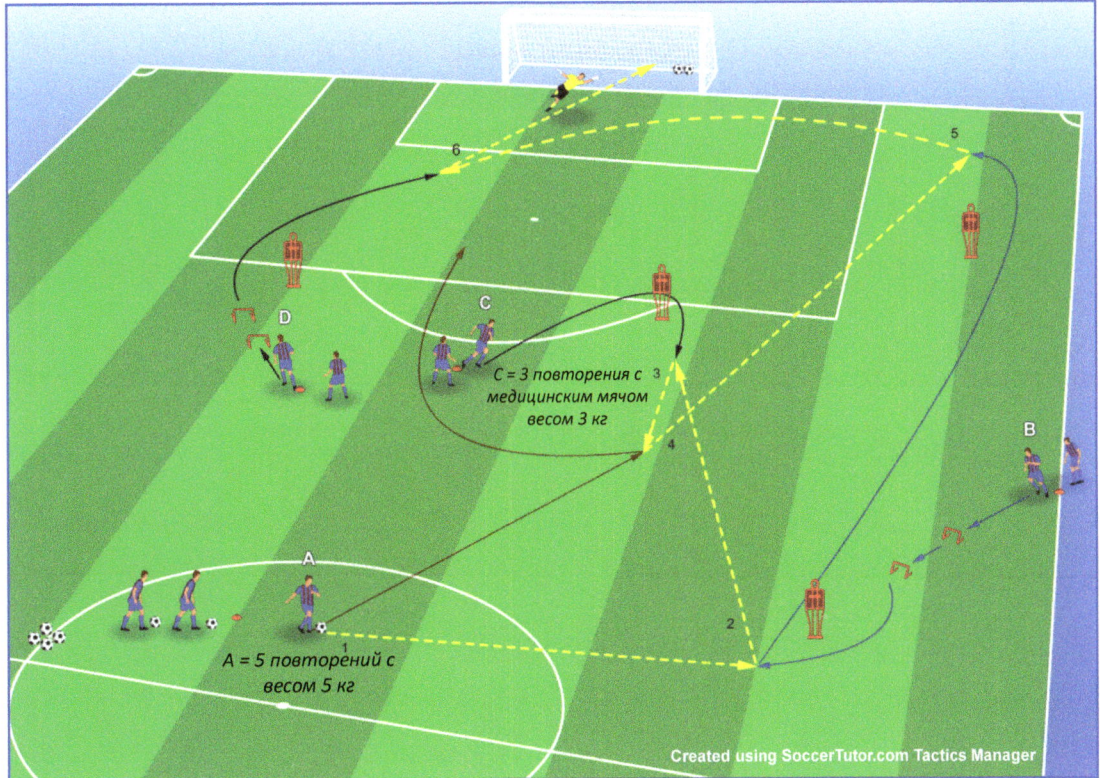

Игроки выполняют 2 серии по 4 повторения, отдых между сериями 3 минуты.

Описание

1. Игрок A выполняет 5 повторений с весом 5 кг и пасует игроку B. Игрок B перепрыгивает через 2 барьера и выбегает из-за манекена для приёма мяча. Игрок C выполняет 3 повторения упражнений с медицинским мячом весом 3 кг.

2. Игрок B пасует вперед игроку C, который бежит вокруг манекена и возвращается, чтобы получить мяч.

3. Игрок C возвращает мяч назад, на ход игроку A (скидка).

4. Игрок A пасует в направлении углового флага на ход игроку B, который бежит по флангу за спиной манекена. Игрок C бежит по дуге в штрафную площадь, игрок D перепрыгивает через 2 барьера, а затем тоже бежит в штрафную площадь.

5. Игрок B выполняет подачу в штрафную площадь.

6. Игроки C и D пытаются забить.

7. Игроки меняют позиции: A -> B -> C -> D -> A.

После 2 повторений на одной стороне игроки переходят на другую сторону.

Источник: тренировочные занятия Пепа Гвардиолы с командой «Барселона-Б» (2007-2008)

Пеп Гвардиола: Упражнения для развития скорости и ловкости с мячом

6. Скидка, пас на фланг, подача и завершение в упражнении на развитие скорости и ловкости

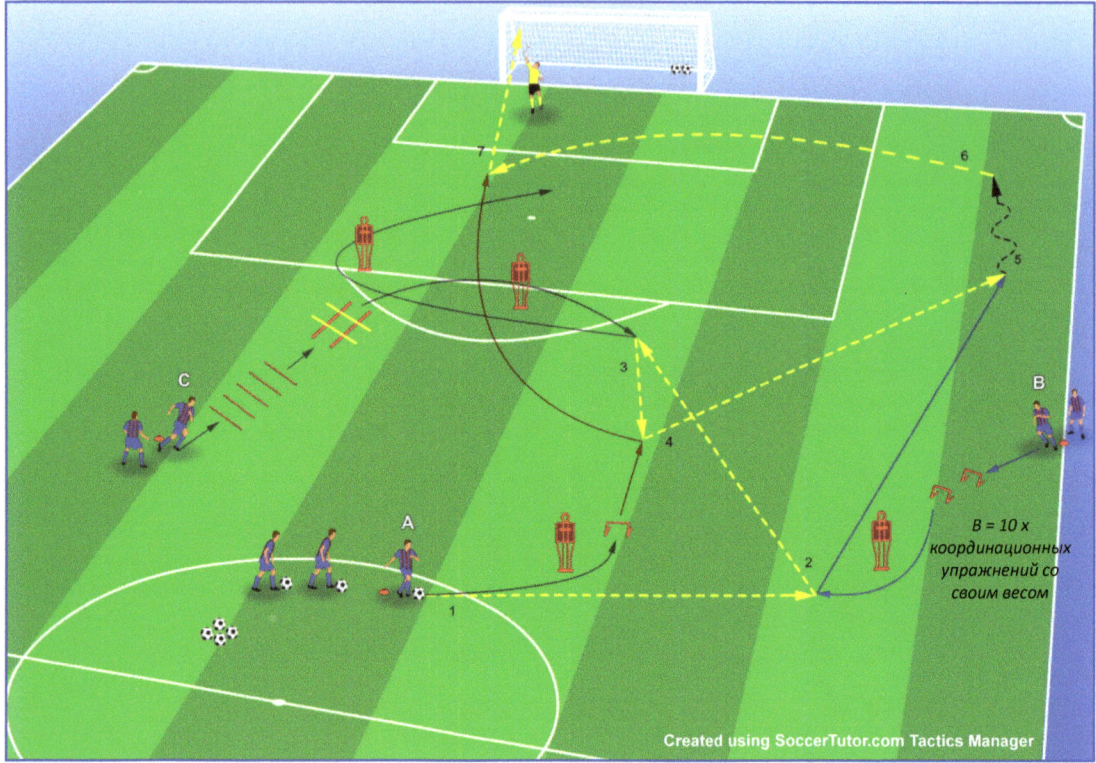

B = 10 x координационных упражнений со своим весом

Игроки выполняют 2 серии по 6 повторений, между сериями отдых 3 минуты.

Описание

1. Игрок А выполняет 10 упражнений «Сит-ап», пасует игроку В, пробегает мимо манекена, перепрыгивает через барьер и двигается вперед.

2. Игрок В делает 10 повторений координационных упражнений со своим весом, прыгает через 2 барьера, бежит вокруг манекена и пасует вперед игроку С.

3. Игрок С выполняет упражнения на скорость через лежащие стойки, бежит вокруг манекена и пасует назад на ход игроку А (скидка).

4. Игрок А выполняет передачу на ход игроку В на фланг. Игроки А и С бегут вокруг своих манекенов в штрафную площадь.

5. Игрок В принимает мяч и ведет его вперед.

6. Игрок В выполняет подачу в штрафную площадь.

7. Игроки А и С пытаются забить.

8. Игроки меняют позиции: A -> B -> C -> A.

Источник: тренировочные занятия Пепа Гвардиолы с командой «Барселона-Б» (2007-2008)

Пеп Гвардиола: Упражнения для развития скорости и ловкости с мячом

7. Комбинационные действия: смена направления атаки, подача и завершение в упражнении на развитие скорости и ловкости

Игроки выполняют 2 серии по 3 повторения, по 1 серии на каждой стороне поля. Для второй серии расстояние в последовательности уменьшается на 15%.

Описание
Игрок B начинает делать 5 повторений с весом 5 кг.

1. Игрок A пасует тренеру, двигается вперед и перепрыгивает через два барьера.
2. Игрок C выполняет упражнения на скорость через лежащие стойки и бежит вокруг манекена, чтобы получить передачу от тренера.
3. Игрок A получает мяч от игрока C.
4. Игрок B бежит вперед по флангу и между стоек, чтобы получить длинный диагональный пас от игрока A.
5. Игрок B получает мяч и ведет его вперед.
6. Игрок B выполняет подачу в штрафную площадь.
7. Игроки A и C бегут в штрафную площадь и пытаются забить после подачи.
8. Игроки меняют позиции: A -> B -> C -> A.

Источник: тренировочные занятия Пепа Гвардиолы с командой «Барселона-Б» (2007-2008)

Технические круговые тренировки

Непосредственно из тренировочных занятий Пепа Гвардиолы

«Недостаточно просто бегать, прыгать, ходить в спортзал, растягиваться, восстанавливаться. Кроме этого, вам нужно помнить об основах стиля игры каждый раз, когда вы готовите тренировку. И порой стиль дает вам нюансы. Я называю их упражнениями Пепа».

Лоренцо Буэнавентура

Помощник главного тренера и тренер по фитнесу в «Манчестер Сити» - ранее в «Баварии» Мюнхен и в ФК «Барселона»

Пеп Гвардиола: Технические круговые тренировки

1. Технические навыки и ловкость в интервальной круговой функциональной тренировке

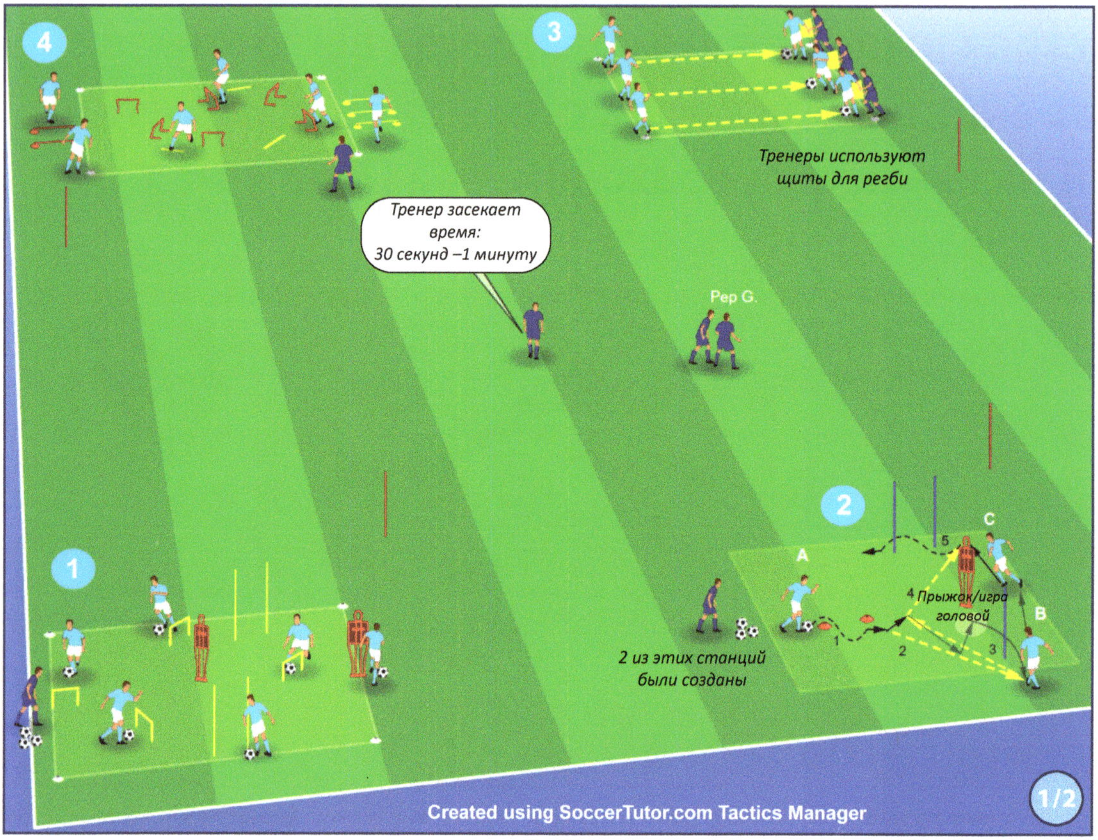

Станция 1
- Дриблинг в пределах зоны, избегать препятствий во время передачи мяча через арки.

Станция 2
- Игрок А ведет мяч между маркеров и играет в «стенку» с игроком В, затем пасует игроку С.
- Игрок А перемещается, чтобы прыгнуть/сыграть головой рядом с манекеном, затем бежит вокруг стойки, чтобы занять позицию В и получить следующий пас.
- Игрок С ведет мяч между стоек.
- Игроки меняют позиции (A -> B -> C -> A).

Станция 3
- Получить мяч и защитить его под давлением тренера, толкающего щит для регби сзади.

Станция 4
- Прыжки с двух ног через барьеры, пауза на одной ноге (прыжок) на плоских маркерах и быстрые альтернативные шаги через низкие препятствия снаружи

Источник: занятие Пепа Гвардиолы с командой «Манчестер Сити» на тренировочном поле «Этихад Кампус», Манчестер – 11 июля 2017 года

Пеп Гвардиола: Технические круговые тренировки

Примечание: игроки бегут и против часовой стрелки и по часовой стрелке в течение разминки.

Описание 2/2

Игроки перестают работать на станциях и ждут свистка тренера:

Игроки подходят к красной стойке по первому свистку, а затем готовятся к бегу по второму свистку.

По третьему свистку игроки бегут со скоростью 85% от максимума:

1. Игроки со станции 1 бегут на станцию 3, а затем идут на станцию 4.
2. Игроки со станции 2 бегут на станцию 4, а затем идут на станцию 1.
3. Игроки со станции 3 бегут на станцию 1, а затем идут на станцию 2.
4. Игроки со станции 4 бегут на станцию 2, а затем идут на станцию 3.

Когда игроки достигают своей новой станции, они работают на этой станции, пока снова не услышат свисток тренера.

Источник: занятие Пепа Гвардиолы с командой «Манчестер Сити» на тренировочном поле «Этихад Кампус», Манчестер – 11 июля 2017 года

Пеп Гвардиола: Технические круговые тренировки

2. Передачи, дриблинг и завершение в технической круговой скоростной тренировке

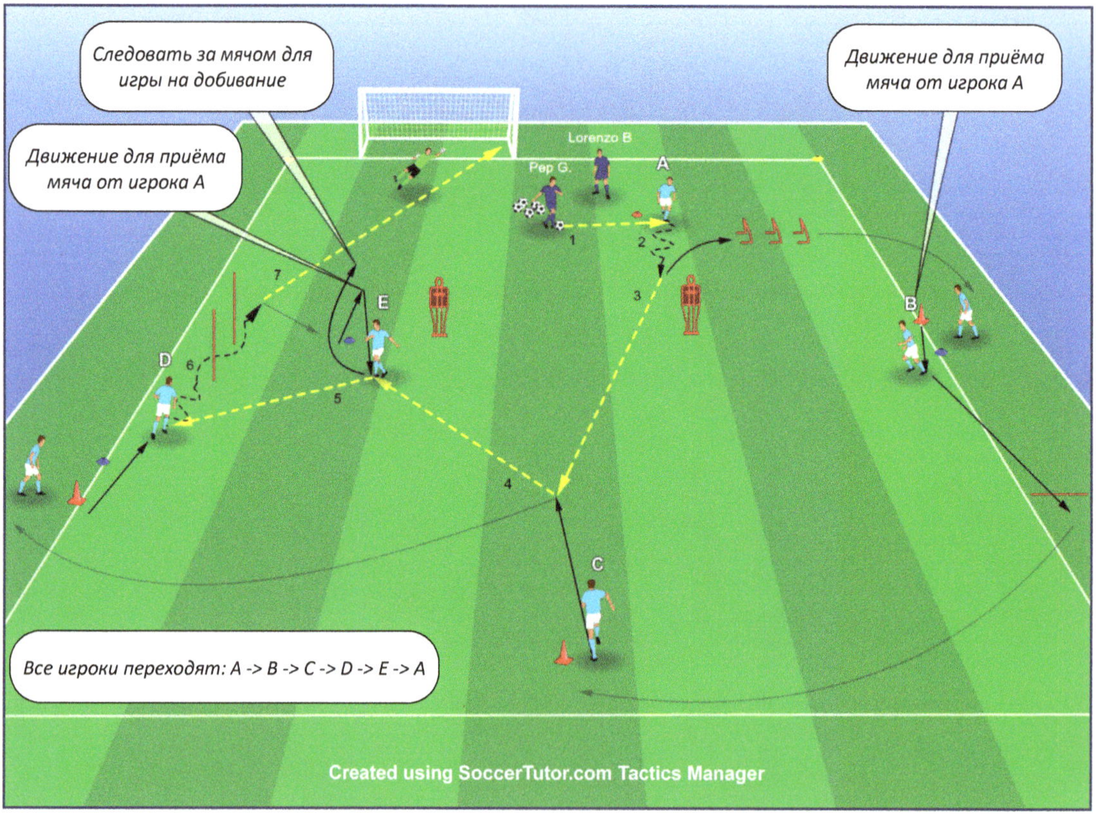

Описание

1. Игрок A получает мяч от тренера (Pep G).

2. Игрок A ведет мяч вперед. Игроки B и E выполняют движение, чтобы получить мяч от игрока A.

3. Игрок A пасует игроку C, а затем прыгает через 3 барьера. Игрок B бежит и выполняет длинный шаг через лежащую стойку.

4. Игрок C двигается вперёд от конуса навстречу мячу от игрока A, и пасует игроку E.

5. Игрок E падает назад и пасует игроку D.

6. Игрок D двигается вперёд от конуса навстречу мячу от игрока E и ведёт мяч между стойками.

7. Игрок D бьет по воротам. Игрок E следует за мячом и пытается забить с любого отскока.

8. Все игроки переходят на следующую позицию: A -> B -> C -> D -> E -> A.

Источник: занятие Пепа Гвардиолы с командой «Манчестер Сити» на тренировочном поле «Этихад Кампус», Манчестер

Пеп Гвардиола: Технические круговые тренировки

3. Передачи, дриблинг и завершение в технической круговой скоростной тренировке (вариант)

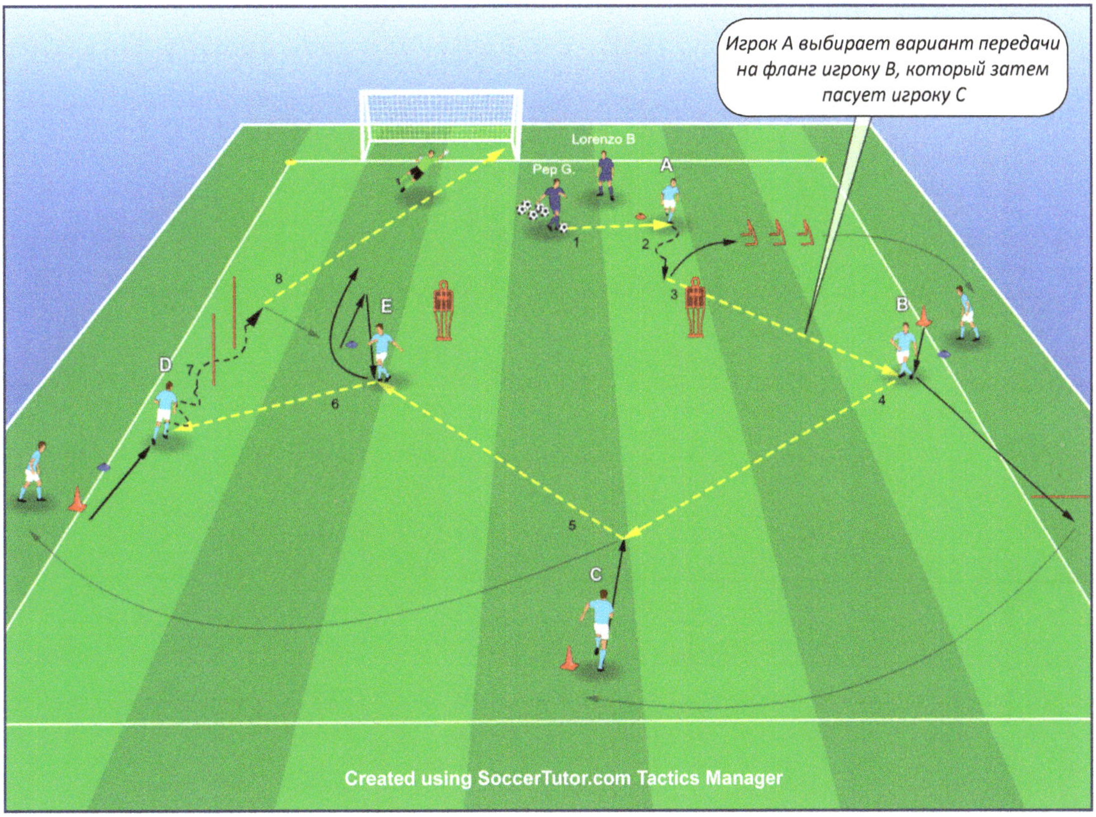

> Игрок А выбирает вариант передачи на фланг игроку В, который затем пасует игроку С

Описание

- В этом варианте предыдущего упражнения игрок А пасует игроку В вместо игрока С.
- Затем игрок В пасует игроку С, который двигается вперед от своего конуса.
- Остальная часть последовательности остается прежней.
- Все игроки переходят на следующую позицию: A -> B -> C -> D -> E -> A.

Источник: занятие Пепа Гвардиолы с командой «Манчестер Сити» на тренировочном поле «Этихад Кампус», Манчестер

4. Техника передач и скоростная работа в круговой функциональной тренировке

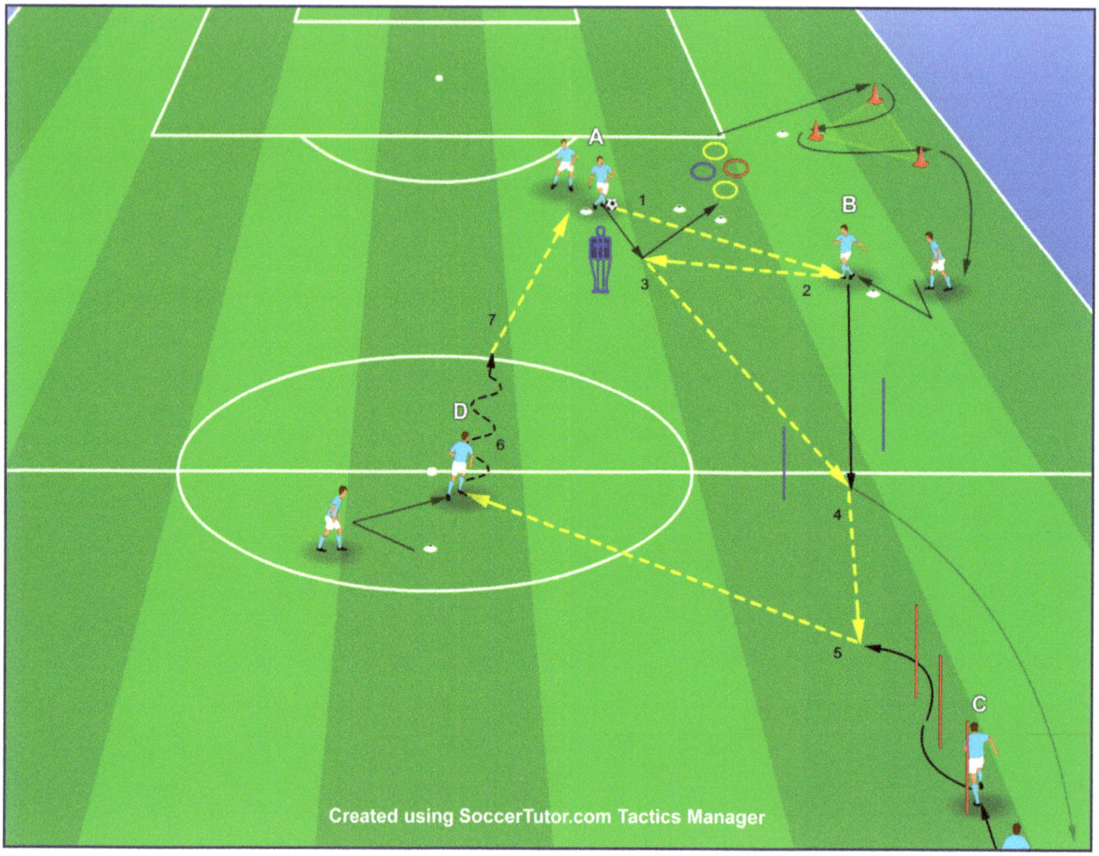

Описание

1. Игрок A пасует игроку B.
2. Игрок B выполняет обратный пас игроку A (комбинация «стенка»).
3. Игрок A передает мяч между синими стойками, на ход игроку B. Затем игрок A выполняет упражнения через скоростные кольца и бежит вокруг конусов.
4. Игрок B пасует игроку C, который пробежал между стоек, а затем двигается вперед.
5. Игрок C пасует игроку D.
6. Игрок D выполняет ложное открывание в направлении от мяча, а затем бежит к мячу, принимает его и ведет вперед.
7. Последовательность завершается передачей игрока D следующему ожидающему игроку.
8. Все игроки переходят на следующую позицию: A -> B -> C -> D -> A.

Источник: занятие Пепа Гвардиолы с командой «Манчестер Сити» на тренировочном поле «Этихад Кампус», Манчестер – предсезонка 2016

Пеп Гвардиола: Технические круговые тренировки

5. Быстрый дриблинг и аккуратное завершение в круговой скоростной тренировке

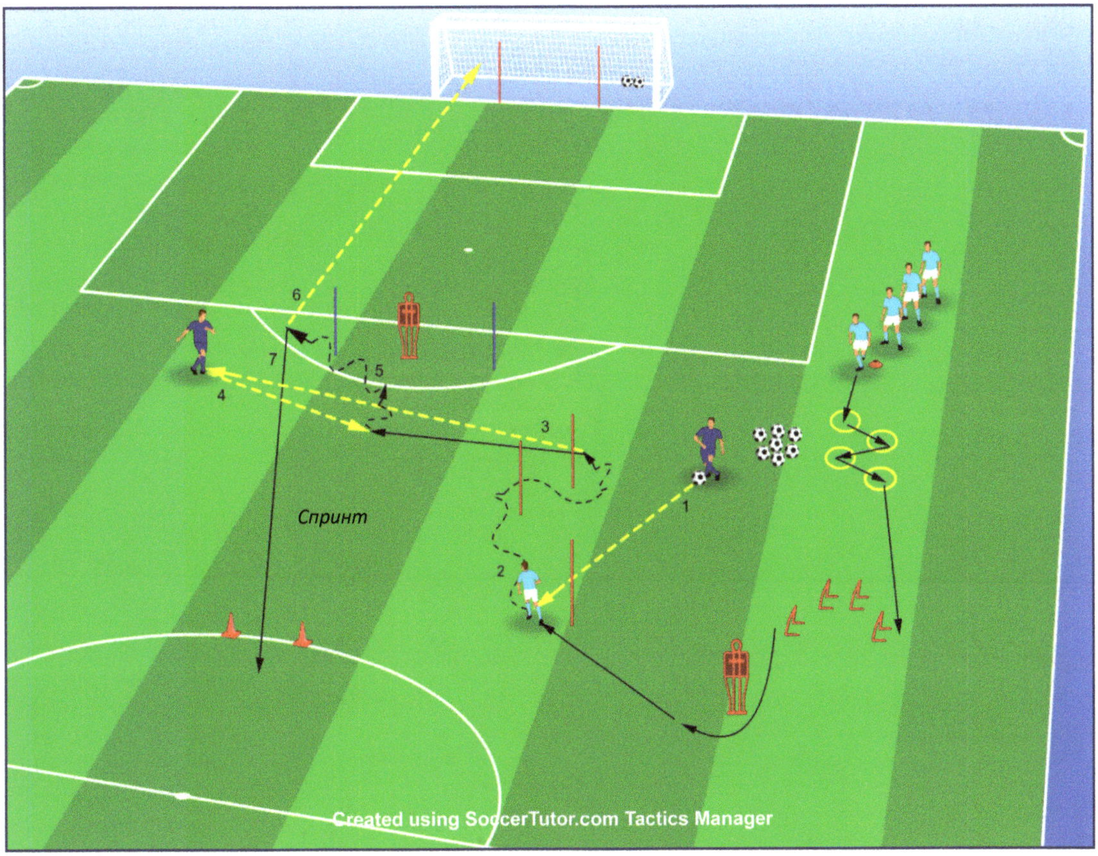

Описание

1. Выполнить скоростные упражнения через кольца.
2. Прыгнуть через 4 барьера.
3. Бежать вокруг манекена.
4. Бежать вперед, чтобы принять пас от тренера (1).
5. Вести мяч между стоек, как показано (2).
6. Выполнить передачу второму тренеру (3).
7. Получить обратный пас (4).
8. Выполнить финт и уйти с мячом влево или вправо от манекена и стоек (5), имитируя обводку защитника.
9. Пробить в угол ворот (6) или использовать вместо этого малые ворота.
10. Спринт между конусами (7).

Источник: занятие Пепа Гвардиолы с командой «Манчестер Сити» на тренировочном поле «Этихад Кампус», Манчестер – предсезонка 2016

Пеп Гвардиола: Технические круговые тренировки

6. Прессинг и страховка в обороне в тройках + развитие скорости и ловкости

Игроки работают в группах по 3 человека. Тренер (Pep G.) с мячом в центре, и на красном, желтом и синем маркерах ждут 3 игрока. Также барьеры расположены, как показано на рисунке.

3 игрока начинают в позициях возле красного, жёлтого и синего маркеров

3 — После обратного паса все 3 игрока возвращаются на свои позиции

2 — 2 игрока с каждой стороны быстро реагируют и смещаются для страховки

1 — Пеп Гвардиола пасует прямо, игрок на жёлтом маркере быстро выдвигается на мяч и выполняет обратный пас

1. Тренер пасует прямо, а игрок на желтом конусе быстро двигается вперед и выполняет обратный пас в одно касание.

2. Как только тренер выполнил передачу, 2 игрока с красного и синего маркеров оба смещаются внутрь, чтобы прикрыть зону за спиной партнёра.

3. После обратного паса все 3 игрока возвращаются на свои исходные позиции.

Источник: тренировочное занятие Пепа Гвардиолы с командой «Бавария» Мюнхен на стадионе «Альянс Арена», Мюнхен — 27 июня 2013 года

Пеп Гвардиола: Технические круговые тренировки

1. Тренер (Pep G.) пасует влево, и игрок на красном маркере быстро двигается вперед и возвращает мяч обратно в одно касание.

2. Как только тренер выполняет пас, 2 игрока на желтом и синем маркерах смещаются, чтобы закрыть зону за спиной прессингующего игрока.

3. После обратного паса все 3 игрока возвращаются на свои исходные позиции.

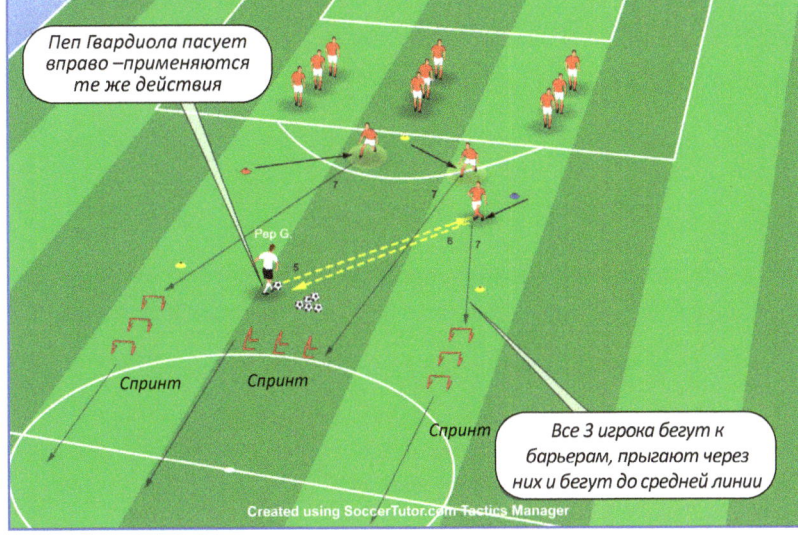

1. Тренер (Pep G.) пасует вправо, и игрок на синем маркере быстро двигается вперед и возвращает мяч в одно касание.

2. Как только тренер сделал пас, 2 игрока на желтом и красном маркерах смещаются, чтобы прикрыть прессингующего игрока.

3. После того, как мяч был возвращен назад, все 3 игрока бегут к барьерам, перепрыгивают через них и затем бегут к средней линии.

Источник: тренировочное занятие Пепа Гвардиолы с командой «Бавария» Мюнхен на стадионе «Альянс Арена», Мюнхен – 27 июня 2013 года

7. Развитие скорости, «стенка», дриблинг и завершение в круговой тренировке

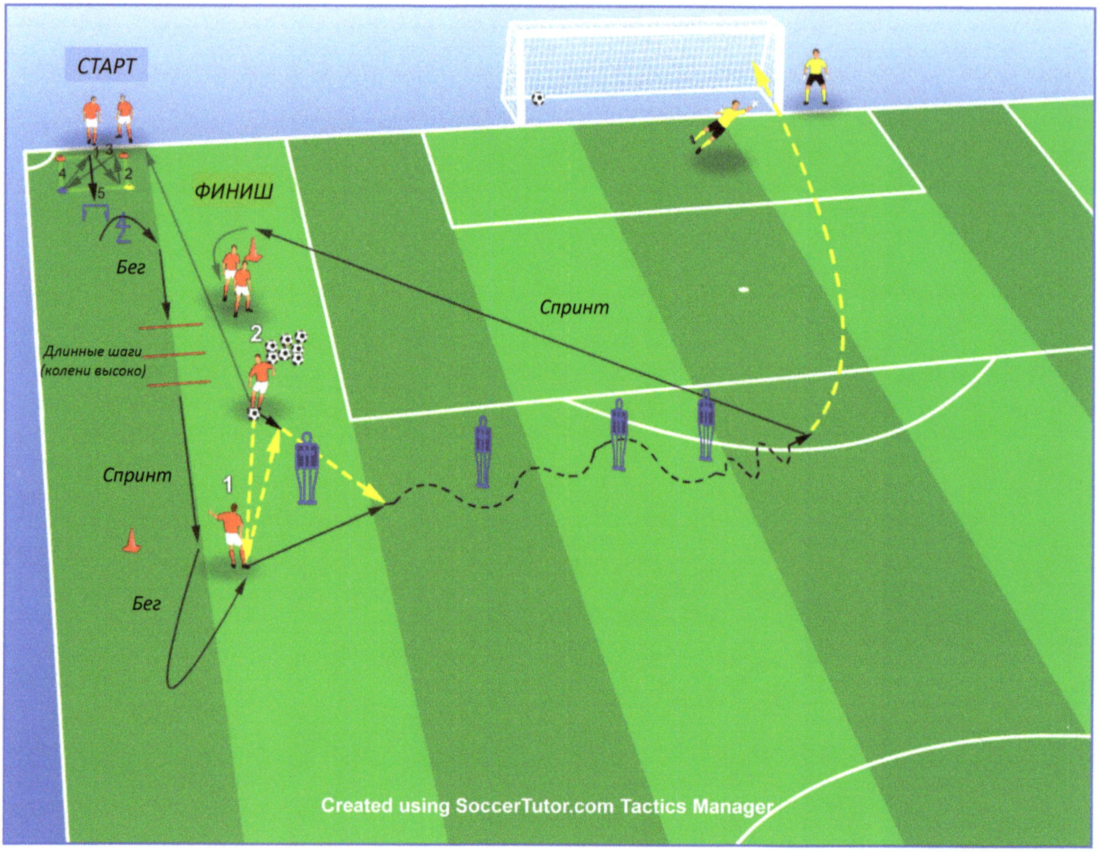

Описание

1. Игрок 1 бежит к желтому маркеру и обратно к началу, к синему маркеру и обратно к началу и, наконец, бежит вперёд.
2. Игрок 1 прыгает вперед через первый барьер, прыгает в сторону через второй барьер.
3. Игрок 1 бежит вперед.
4. Игрок 1 использует длинные шаги с высоким подниманием коленей через лежащие стойки.
5. Игрок 1 бежит мимо конуса, замедляется, а затем возвращается назад (по дуге как показано).
6. Игрок 2 пасует игроку 1.
7. Игрок 1 играет в стенку с игроком 2 и получает ответный пас с другой стороны от манекена.
8. Игрок 1 обводит манекены и наносит удар по воротам.
9. Игрок 1 выполняет спринт, чтобы закончить последовательность.

Источник: занятие Пепа Гвардиолы с командой «Бавария» Мюнхен на тренировочном поле Зэбенерштрассе, Мюнхен

Пеп Гвардиола: Технические круговые тренировки

8. Ловкость, «стенка» и завершение из-за пределов штрафной площади в скоростной последовательности

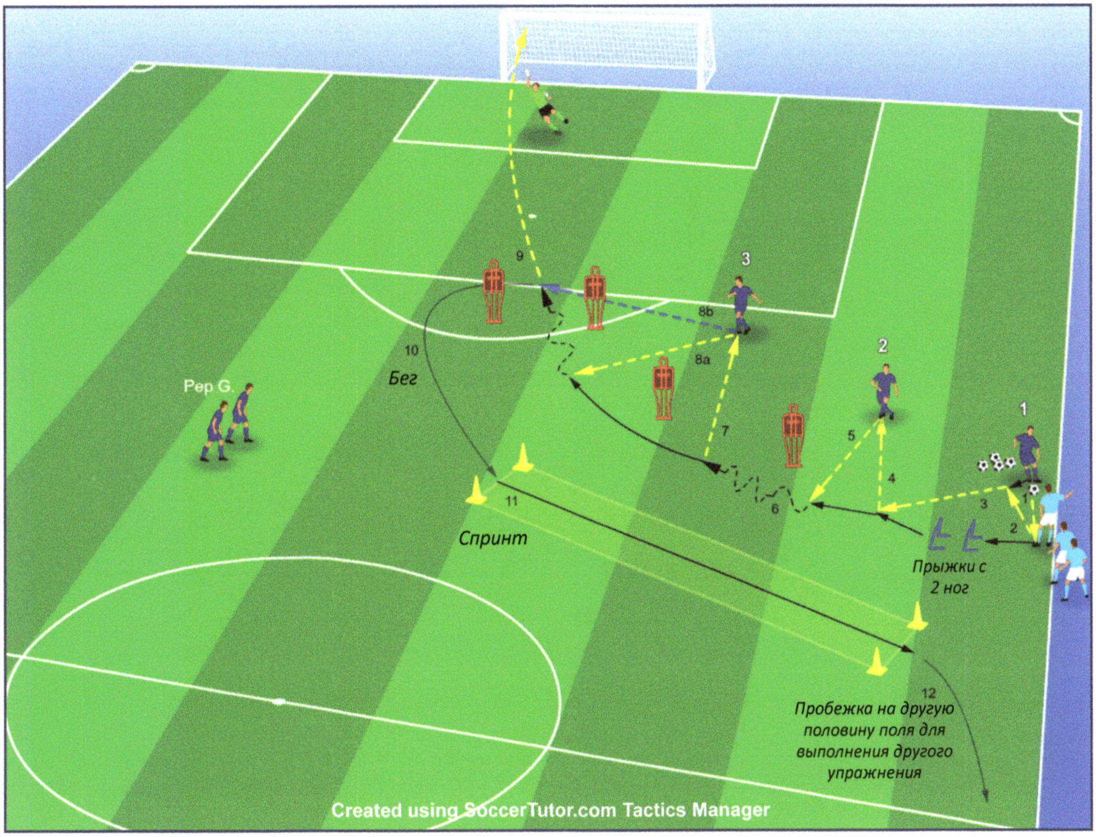

Половина игроков «Манчестер Сити» принимают участие в этой технической последовательности, и после завершения они переходят на другую половину поля (упражнение на следующей странице).

Описание

1. Тренер 1 пасует игроку.
2. Игрок возвращает мяч назад, а затем совершает прыжки с 2 ног через 2 барьера.
3. Получить обратный пас (комбинация «стенка»).
4. Пас тренеру 2.
5. Получить обратный пас (комбинация «стенка»).
6. Вести мяч внутрь.
7. Пас тренеру 3.
8. Получить обратный пас (комбинация «стенка») с любой стороны манекена (8a или 8b).
9. Вести мяч вперед и бить из-за пределов штрафной площади.
10. Вернуться назад.
11. Спринт между желтыми конусами.
12. Пробежка на другую половину поля для выполнения другого упражнения (см. следующую страницу).

Источник: занятие Пепа Гвардиолы с командой «Манчестер Сити» на тренировочном поле «Этихад Кампус», Манчестер – 17 октября 2018 года

Пеп Гвардиола: Технические круговые тренировки

9. Ловкость, прием мяча, дриблинг, «стенка» и завершение из-за пределов штрафной площади в скоростной последовательности

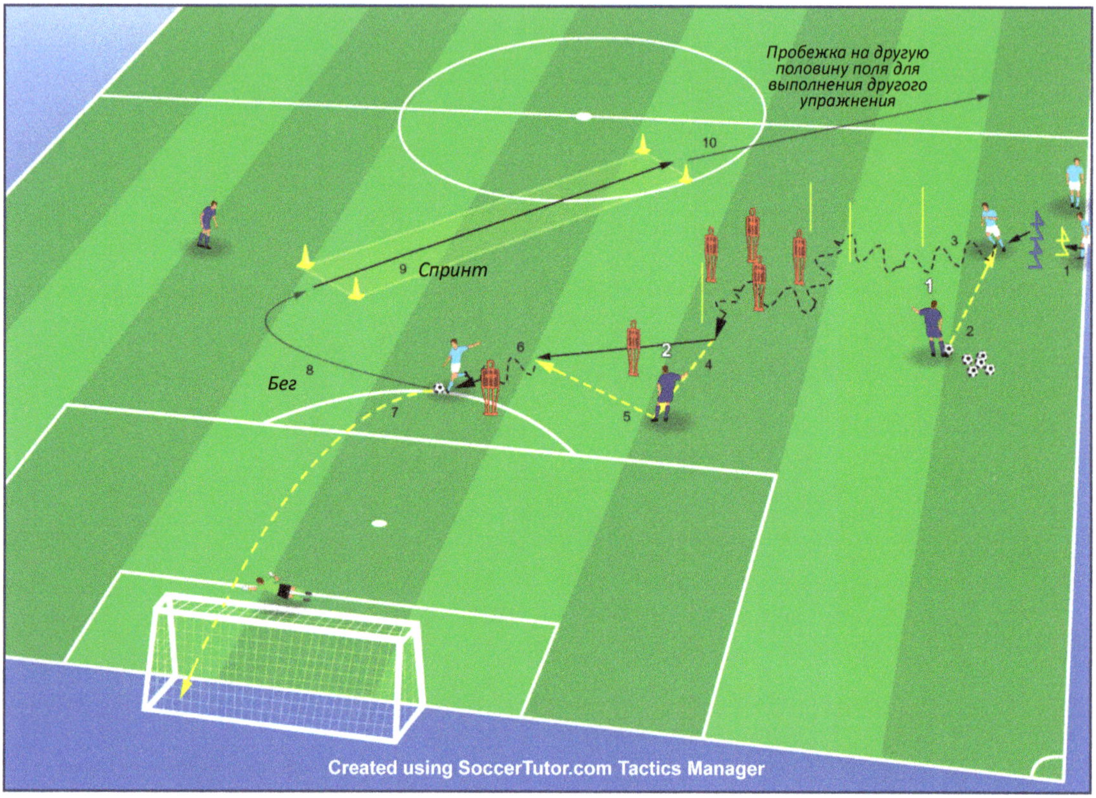

Половина игроков «Манчестер Сити» принимают участие в этой технической последовательности, и по завершении они бегут на другую половину поля (упражнение на предыдущей странице).

Описание

1. Перепрыгнуть через желтый барьер и затем перепрыгнуть через любой синий барьер.
2. Получить пас от тренера 1.
3. Вести мяч сначала между жёлтых стоек, а затем между красными манекенами.
4. Пас тренеру 2.
5. Двигаться внутрь и получить обратный пас от тренера 2 (комбинация «стенка»).
6. Вести мяч мимо манекена.
7. Нанести удар из-за пределов штрафной.
8. Двигаться в направлении коридора из жёлтых конусов.
9. Спринт через коридор из жёлтых конусов.
10. Пробежка на другую половину поля для выполнения другого упражнения (см. предыдущую страницу).

Источник: занятие Пепа Гвардиолы с командой «Манчестер Сити» на тренировочном поле «Этихад Кампус», Манчестер – 17 октября 2018 года

Пеп Гвардиола: Технические круговые тренировки

10. Передачи, дриблинг и завершение в сложной технической последовательности

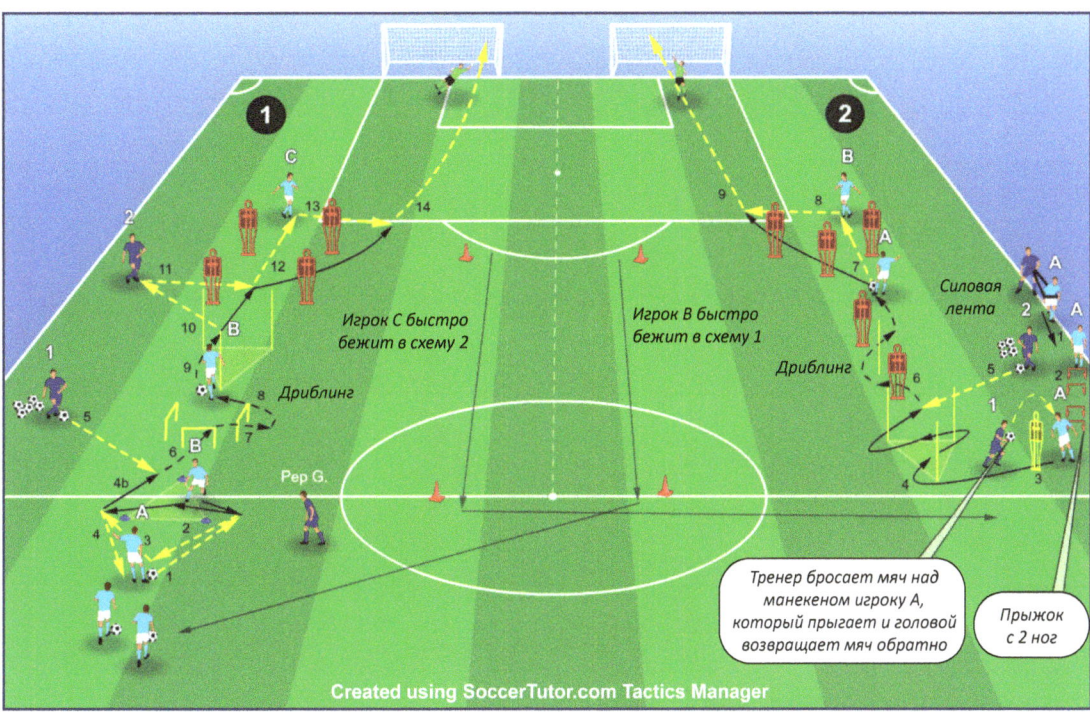

Последовательность (схема) 1

1. Игрок A выполняет «стенку» с игроком B, который перемещается в одну сторону (за пределы треугольника из маркеров) для приёма мяча.
2. То же самое повторяется с другой стороны.
3. Игрок B бежит вперед, чтобы получить пас от тренера 1, провести мяч под 1-й аркой, а затем под 2-й аркой (справа или слева).
4. Вести мяч между желтых стоек.
5. Комбинация «стенка» с тренером 2, чтобы получить мяч в зоне позади первой пары манекенов.
6. Комбинация стенка с игроком C, чтобы получить мяч в зоне позади второй пары манекенов и пробить по воротам.
7. Игрок C бежит к Контуру 2. Игроки меняют позиции (A -> B -> C -> противоположный круг).

Последовательность (схема) 2

1. Прыжки с 2 ног через красные барьеры.
2. Подпрыгнуть и вернуть мяч, брошенный тренером 1, головой над манекеном.
3. Бег (слалом) между желтых стоек.
4. Получить мяч от тренера 2 и вести его между манекенами.
5. Сыграть в стенку с игроком B, чтобы получить мяч в зоне за тремя манекенами и нанести удар.
6. Игрок B перебегает в схему 1. Игрок A перебегает на позицию игрока B.

Источник: занятие Пепа Гвардиолы с командой «Манчестер Сити» на тренировочном поле «Этихад Кампус», Манчестер – 31 июля 2018 года

Пеп Гвардиола: Технические круговые тренировки

11. Скоростная работа + изменение направления движения с мячом и без мяча в двойной технической последовательности (1)

Описание (левая сторона)

1. Спринт в течение 3 секунд, пока у партнёра по команде силовая лента вокруг талии.
2. Бежать вокруг 3 конусов, как показано на рисунке.
3. Подпрыгнуть и направить мяч, брошенный тренером, над манекеном.
4. Длинные шаги через лежащие стойки.
5. Получить пас от тренера и вести мяч между стоек.
6. Сыграть в стенку с игроком B.
7. Дриблинг мимо манекена и удар по воротам.
8. Игрок B бежит трусцой, спринт и затем снова бежит трусцой на другую сторону. Игрок A перемещается в позицию B.

Описание (правая сторона)

1. Прыжки с двух ног через барьеры.
2. Дотронуться до манекена и двигаться, чтобы получить мяч.
3. Получить пас от тренера и вести мяч между стоек.
4. Сыграть в стенку с игроком B.
5. Вести мяч мимо манекена и нанести удар по воротам.
6. Игрок B бежит трусцой, спринт и затем снова бежит трусцой на другую сторону. Игрок A перемещается в позицию B.

Источник: занятие Пепа Гвардиолы с командой «Бавария» Мюнхен на тренировочном поле Зэбенерштрассе, Мюнхен – 2 декабря 2014 года

Пеп Гвардиола: Технические круговые тренировки

12. Скоростная работа + изменение направления движения с мячом и без мяча в двойной технической последовательности (2)

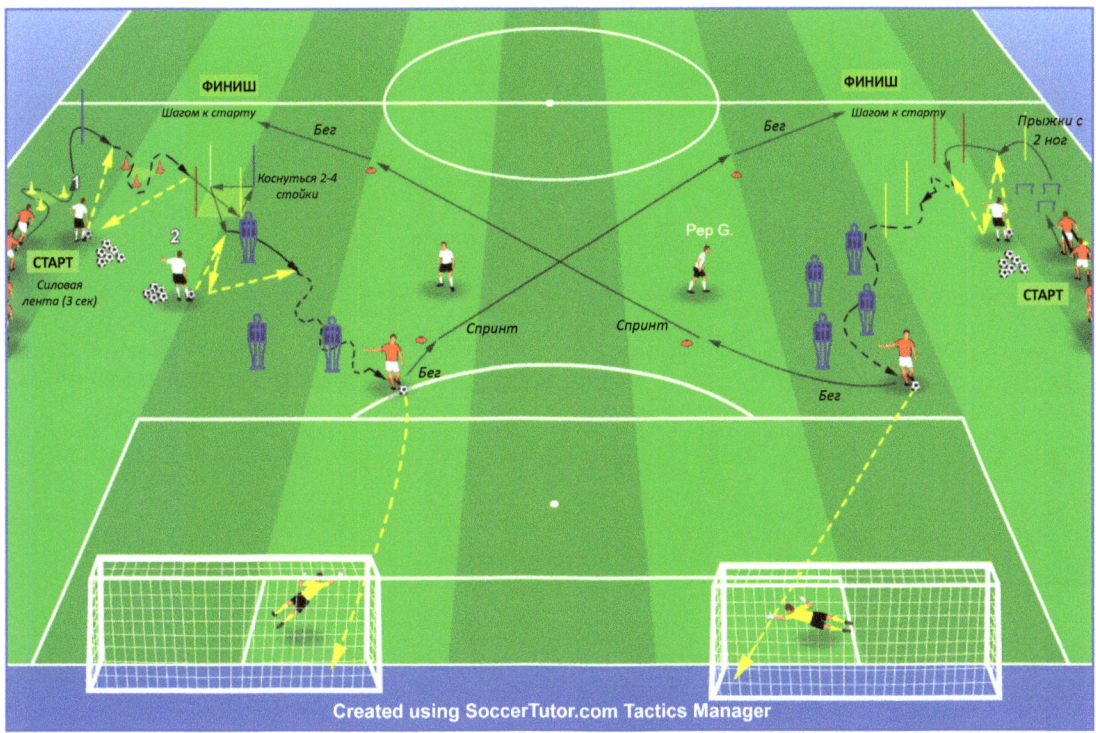

Описание (левая сторона)

1. Спринт в течение 3 секунд, с силовой лентой вокруг талии.
2. Бежать вокруг 3 конусов, а затем бежать вокруг стойки, чтобы получить пас от тренера 1.
3. Дриблинг вокруг 3 конусов, а затем пас тренеру 1.
4. Резко изменить направление и коснуться 2-4 стоек, затем двигаться, чтобы получить пас от тренера 2.
5. Сыграть в «стенку» с тренером 2 и получить мяч с другой стороны манекена.
6. Провести мяч вперед мимо манекена и пробить из-за пределов штрафной.
7. Пробежка, спринт, а затем бег на другую сторону.

Описание (правая сторона)

1. Спринт в течение 3 секунд, с силовой лентой вокруг талии.
2. Прыжки с 2 ног через 3 барьера.
3. Бежать вокруг стойки, чтобы получить пас от тренера.
4. Сыграть в «стенку» с тренером и получить обратный пас после пробежки между стоек.
5. Вести мяч между стоек и манекенов, а затем пробить по воротам.
6. Пробежка, спринт и бег на другую сторону.

Источник: занятие Пепа Гвардиолы с командой «Бавария» Мюнхен на тренировочном поле Зэбенерштрассе, Мюнхен – 22 марта 2016 года

Пеп Гвардиола: Технические круговые тренировки

13. Две комплексные технические схемы с развитием скорости и ловкости с завершением в обе стороны

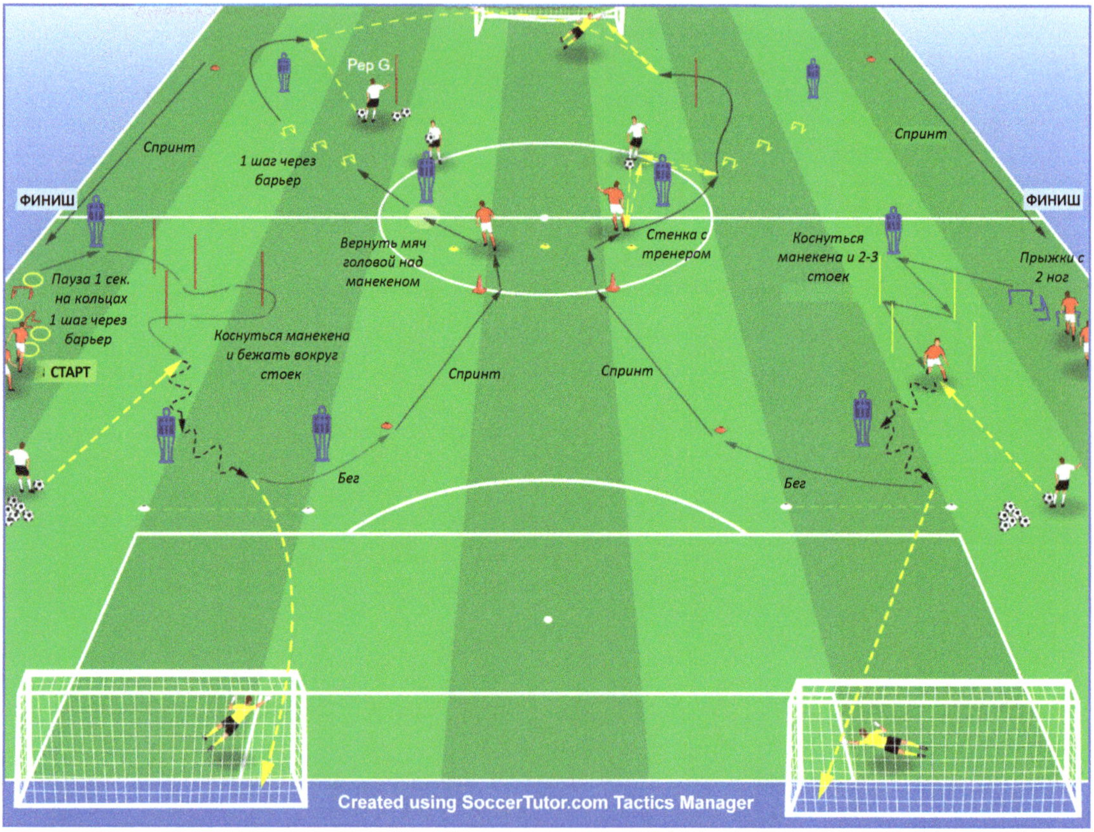

Описание (Левая сторона)

1. 1 секунда паузы в кольцах, 1 шаг через барьеры.
2. Коснуться манекена и бежать вокруг стоек.
3. Получить пас от тренера, пройти мимо манекена и пробить по воротам.
4. Бежать вокруг манекена и затем к конусу.
5. Прыгать вверх и вернуть мяч головой тренеру.
6. Переступать через 3 барьера (1 нога в каждый промежуток), затем бежать вокруг манекена, чтобы получить пас от тренера.
7. Выполнить подачу для партнера по команде на другой стороне.

Описание (Правая сторона)

1. Прыжки с 2 ног через 3 препятствия.
2. Коснитесь манекена и 2 или 3 стойки.
3. Получить пас от тренера, обыграть манекен и пробить.
4. Бежать вокруг манекена и затем к конусу.
5. «Стенка» с тренером, затем бежать вокруг манекена.
6. «Стенка» с тренером и бежать вокруг стойки.
7. Попытаться забить с подачи партнёра по команде.

Источник: занятие Пепа Гвардиолы с командой «Бавария» Мюнхен на тренировочном поле Зэбенерштрассе, Мюнхен

Пеп Гвардиола: Технические круговые тренировки

14. Короткий пас, прием, дриблинг + завершение в двойной технической схеме

Схема одинаковая и с левой и с правой стороны (зеркально).

Описание

1-2. Игрок А играет в стенку с игроком В.

3-4. Игрок В бежит, чтобы коснуться 1-го манекена, а затем бежит вокруг 2-го манекена.

5-6. Игрок А играет в стенку с игроком В.

7-8. Игрок В бежит, чтобы коснуться 3-го манекена, а затем бежит вперед.

9-11. Игрок В получает мяч от тренера, ведет между конусов и к стойкам.

12-13. Игрок В ведёт мяч между стоек, обводит манекен и бьёт по воротам.

14-16. Игрок В бежит трусцой, затем между конусов, а затем в стартовую позицию на противоположной стороне.

Источник: занятие Пепа Гвардиолы с командой «Бавария» Мюнхен на тренировочном поле Зэбенерштрассе, Мюнхен

Пеп Гвардиола: Технические круговые тренировки

15. Комбинированная круговая тренировка для развития скорости и ловкости с проникающим пасом и завершением

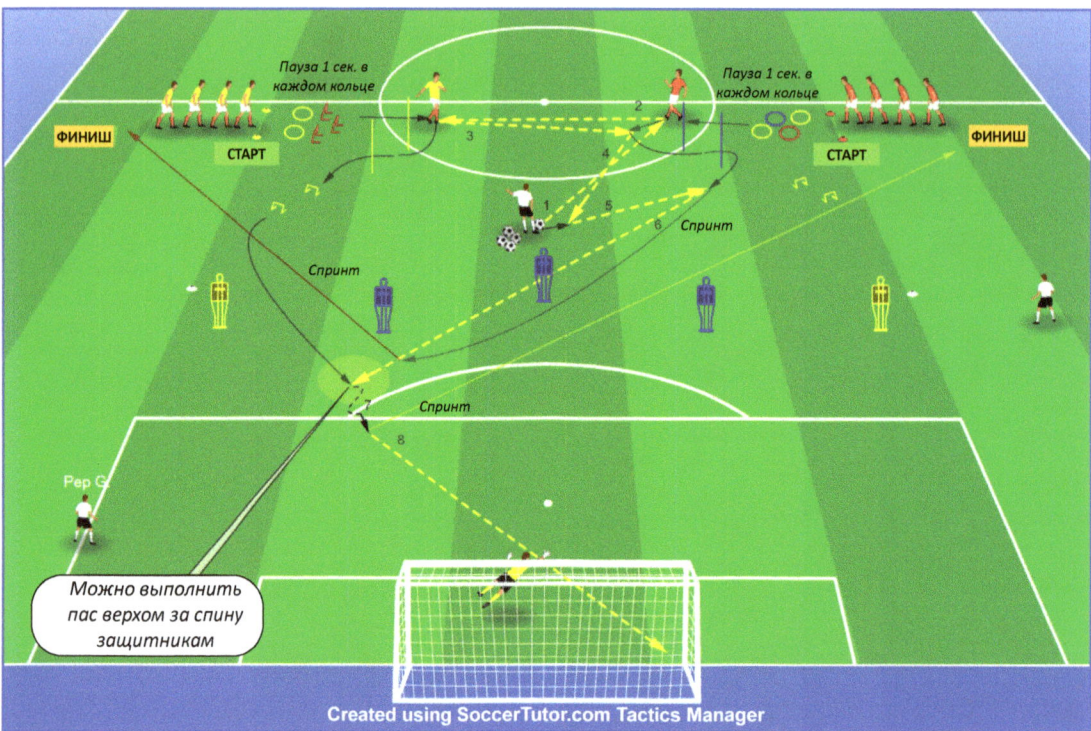

В начале, игрок А (красный) держит паузу по 1 секунде в 4-х скоростных кольцах. Игрок В (желтый) держит паузу по 1 секунде в 2-х скоростных кольцах и в прыжках с двух ног через 2 из 3 барьеров. Оба игрока двигаются к стойкам.

Описание

1. Тренер пасует игроку А (красный).
2. Игрок А пасует игроку В (желтый).
3. Игрок В возвращает мяч (комбинация «стенка»), а затем бежит между желтых стоек.
4. Игрок А (красный) пасует тренеру.
5. Игрок А бежит между синих стоек и получает ответный пас от тренера (комбинация «стенка»). Игрок В перепрыгивает через 2 барьера.
6. Игрок А (красный) выполняет длинный диагональный пас (низом или верхом), на который набегает игрок В (желтый). Игрок А (красный) также бежит вперед.
7. Игрок В (желтый) получает мяч и врывается в штрафную площадь.
8. Игрок В (желтый) пытается забить.
9. Оба игрока меняются сторонами.

Источник: тренировочное занятие Пепа Гвардиолы с командой «Бавария» Мюнхен в Дохе, Катар – 10 января 2014 года

Пеп Гвардиола: Технические круговые тренировки

16. Развитие скорости и ловкости в круговой тренировке с быстрыми передачами в одно касание и завершением

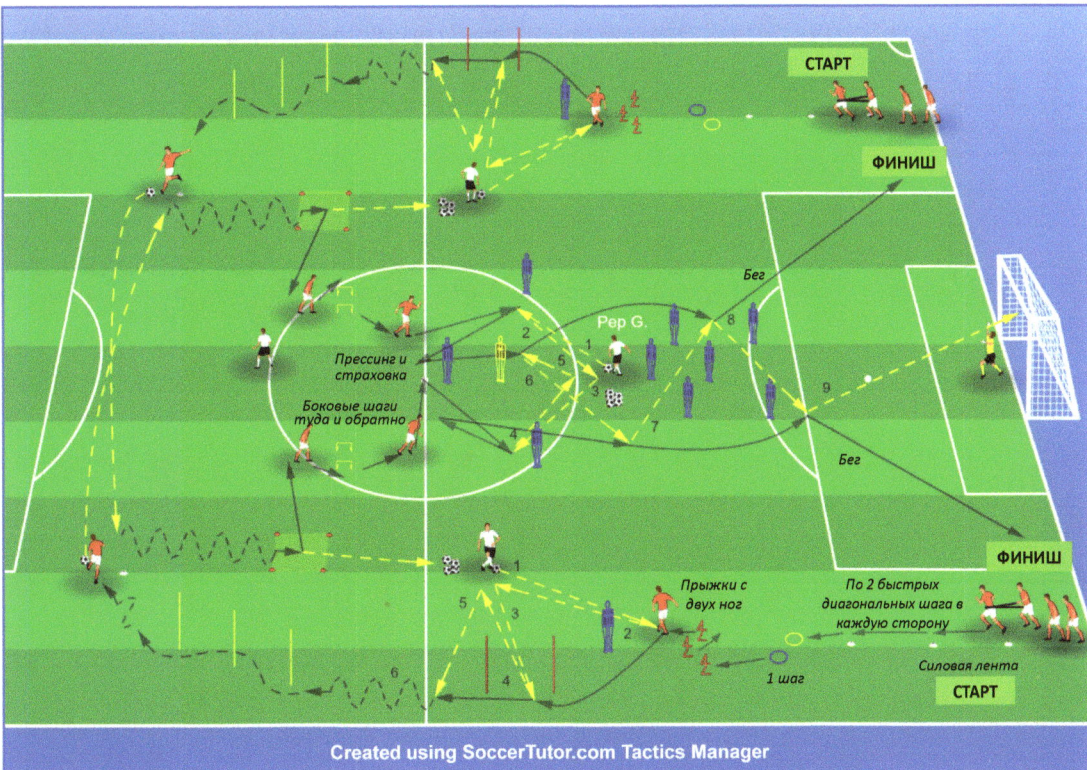

Две фланговые схемы идентичны. Они начинаются с упражнений на скорость и ловкость, как показано.

Фланговые зоны

- Тренер пасует игроку, который выполняет обратный пас (стенка) и бежит вокруг манекена.
- Тренер передает мяч игроку между стойками, который выполняет обратный пас (стенка) и бежит мимо второй стойки.
- Тренер снова пасует игроку, который ведёт мяч между стоек и делает передачу своему партнёру по команде на другой стороне.
- Игрок принимает мяч от партнёра по команде, ведёт его в зону и пасует тренеру.

Средняя зона

- Оба игрока выполняют быстрые боковые шаги через барьеры и обратно, затем бегут вперед.
- Оба игрока теперь выполняют движения прессинга и страховки; когда тренер пасует манекену, один игрок двигается к мячу, чтобы принять его и вернуть обратно - другой игрок смещается поперёк, имитируя страховку.
- Футболисты играют в «стенку» между манекенами, чтобы один из них получил мяч позади линии обороны и забил.
- Оба игрока бегут в разные фланговые зоны.

Источник: тренировочное занятие Пепа Гвардиолы с командой «Бавария» Мюнхен в Дохе, Катар – 7 января 2014 года

Пеп Гвардиола: Технические круговые тренировки

17. Круговая тренировка с мячом для развития скорости, координации, ловкости, техники с тремя схемами

Схема А

1. Спринт с силовой лентой вокруг талии.
2. Перепрыгнуть все 4 барьера (прыжки вперед и вбок).
3. Коснутся левой красной стойки, правой красной стойки и бежать вокруг синей стойки.
4. «Стенка» с тренером вокруг манекена.
5. Провести мяч между 3 манекенами и пробить по воротам.
6. Пробежка -> Спринт -> Пробежка к схеме В.

Схема В

1. Боковые прыжки через барьеры с постановкой одной ноги в кольцах скорости + прыжок возле манекена.
2. Получить пас от тренера и вести его вокруг стоек.
3. Комбинация «стенка» с Пепом Гвардиолой, обыграть манекен и пробить по воротам.
4. Пробежка -> Спринт -> Пробежка к схеме С.

Схема С

1. Прыжки (с постановкой одной ноги) по скоростным кольцам и слалом между стоек.
2. Бежать, высоко поднимая колени, через лежащие стойки.
3. «Стенка» с тренером, вести мяч (слалом) между манекенами и пробить по воротам.
4. Пробежка -> Спринт -> Пробежка к схеме А.

Источник: тренировочное занятие Пепа Гвардиолы с командой «Бавария» Мюнхен в Дохе, Катар – 7 января 2014 года

Пеп Гвардиола: Технические круговые тренировки

18. Круговая тренировка высокой интенсивности для развития скорости, силы и ловкости + ситуация 3x2

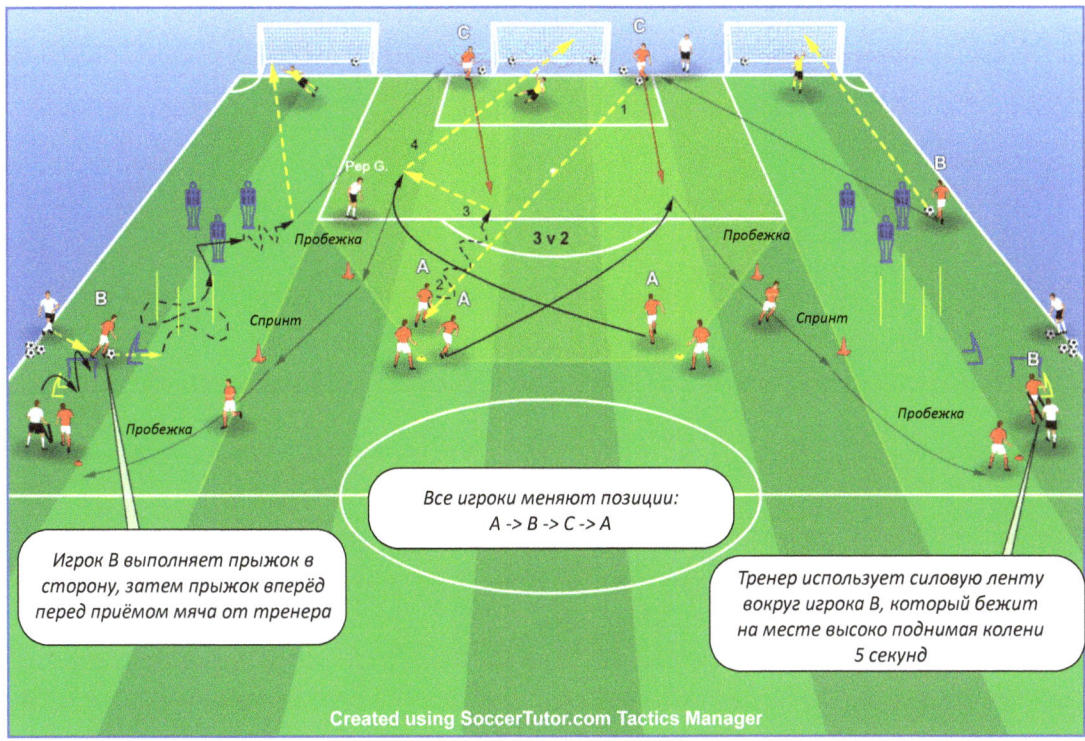

В каждой из 3 зон есть полноразмерные ворота с вратарём на лицевой линии. Две фланговые зоны идентичны.

Фланговые зоны

1. Игрок B бежит на месте в течение 5 секунд высоко поднимая колени, в то время как тренер держит силовую ленту вокруг его талии.
2. Перепрыгнуть вбок через первый барьер и перепрыгнуть вперед через второй барьер.
3. Получить пас от тренера и прокатить мяч под барьером.
4. Вести мяч между стоек.
5. Вести мяч на скорости к манекенам.
6. Выполнить финт, имитируя дуэль 1 на 1 с защитником, чтобы создать пространство и нанести удар по воротам.
7. Переместится в позицию C и стать защитниками в средней зоне.

Средняя зона

1. Команда C пасует команде A и выходит защищаться в ситуации 3 на 2.
2. Атакующая команда пытается забить, с акцентом на использование открывания за спину или забегания.
3. Команда A перемещается в боковые зоны (B), а команда C перемещается в позиции A для атаки.

Источник: тренировочное занятие Пепа Гвардиолы с командой «Бавария» Мюнхен в Дохе, Катар – 8 января 2016 года

Тренировка передач «Манчестер Сити»

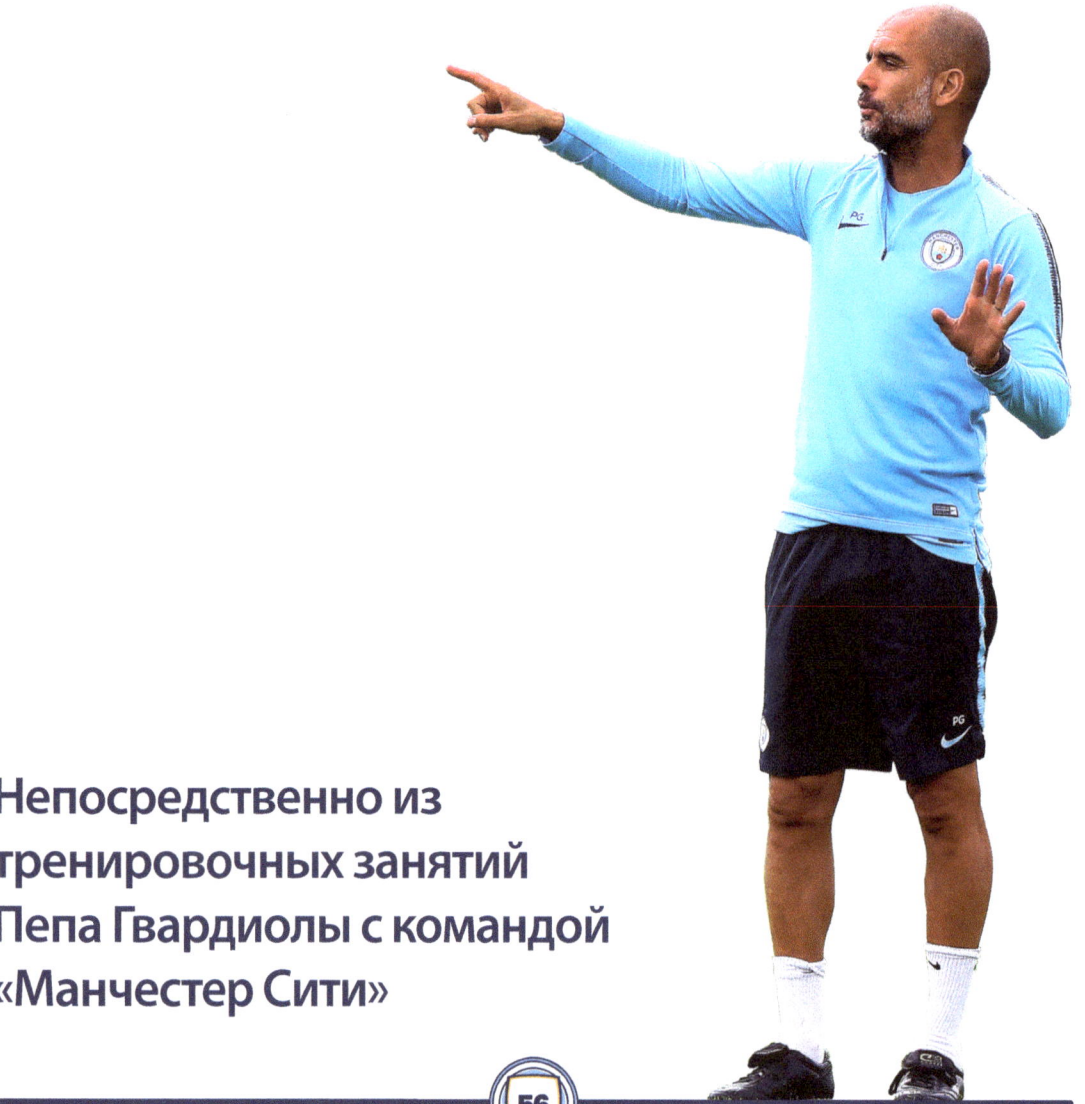

Непосредственно из тренировочных занятий Пепа Гвардиолы с командой «Манчестер Сити»

Пеп Гвардиола: Тренировка передач «Манчестер Сити»

«Цель не в том, чтобы переместить мяч, а в том, чтобы переместить соперника».

1. Ситуация 3х1 + скидка, пас за спину и завершение в малые ворота

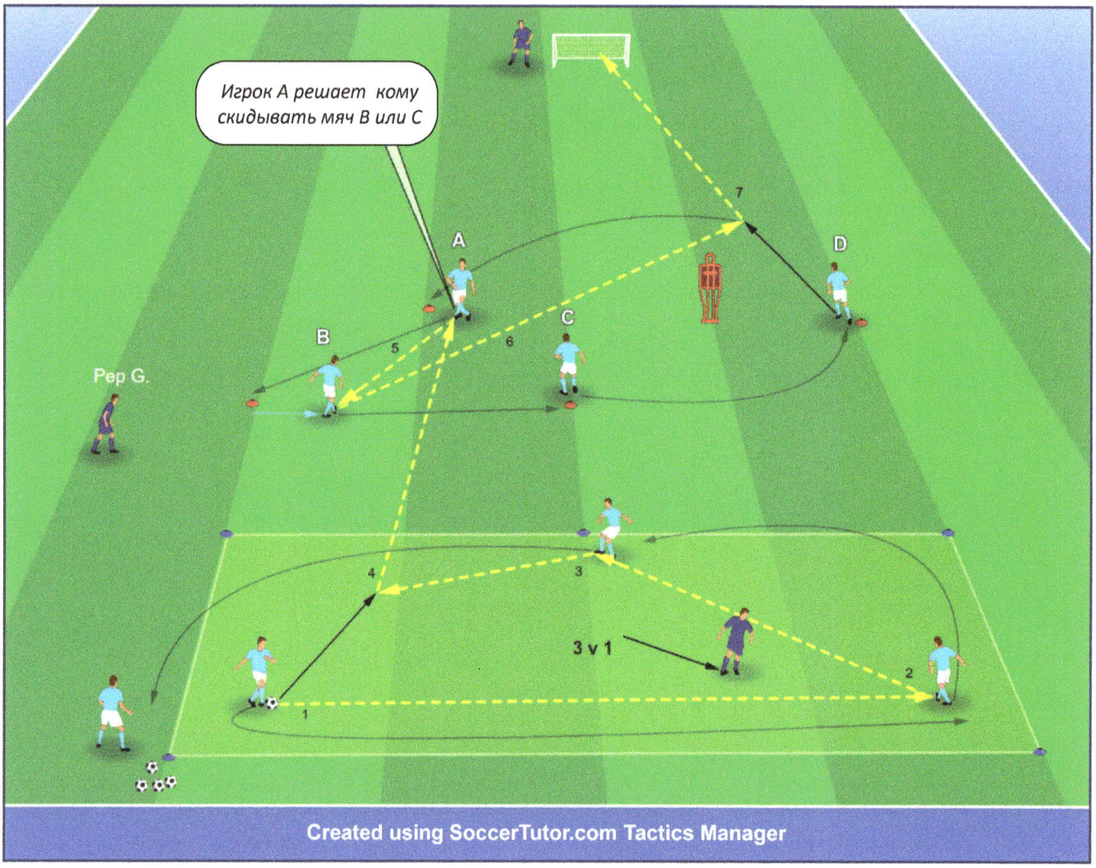

Игрок А решает кому скидывать мяч В или С

Описание

1-2. Упражнение начинают три игрока, владеющие мячом в ситуации 3х1 против тренера.

3. После нескольких передач самый выдвинутый игрок скидывает мяч на третьего (одному из двух партнёров).

4. Этот игрок пасует игроку А.

5. Игрок А решает, кому передать мяч назад (скидка) игроку В или С. В примере с диаграммы игрок А скидывает мяч назад игроку В.

6. Игрок В выполняет проникающий пас за спину манекена, на ход игроку D.

7. Игрок D своевременно бежит вперёд, чтобы в одно касание забить в малые ворота.

8. Игроки А, В, С и D меняют позиции, как и игроки в 3х1, и упражнение возобновляется с самого начала.

Источник: занятие Пепа Гвардиолы с командой «Манчестер Сити» на тренировочном поле «Этихад Кампус», Манчестер – 23 августа 2018 года

2. Ситуация 3x1 + скидка, пас за спину и завершение в малые ворота (вариант)

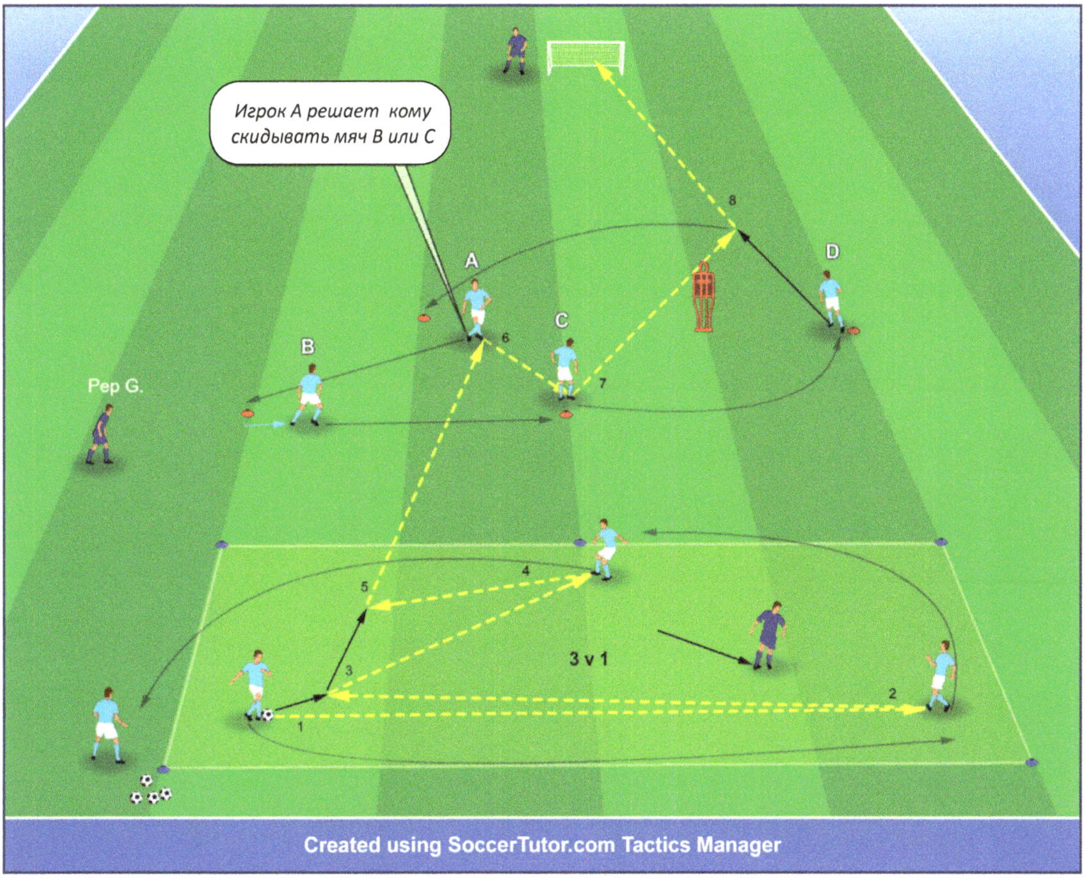

![Схема упражнения]

Игрок A решает кому скидывать мяч B или C

Описание

- В этом варианте упражнения с предыдущей страницы схема остается прежней, за исключением того, что игрок A передает мяч назад (скидка) игроку C вместо игрока B.

- Таким образом, игрок C выполняет проникающий пас за спину манекена на ход игроку D, который в одно касание забивает в малые ворота.

Источник: занятие Пепа Гвардиолы с командой «Манчестер Сити» на тренировочном поле «Этихад Кампус», Манчестер – 23 августа 2018 года

Пеп Гвардиола: Тренировка передач «Манчестер Сити»

3. Ситуация 3х1 + скидка, пас верхом за спину манекенам и завершение

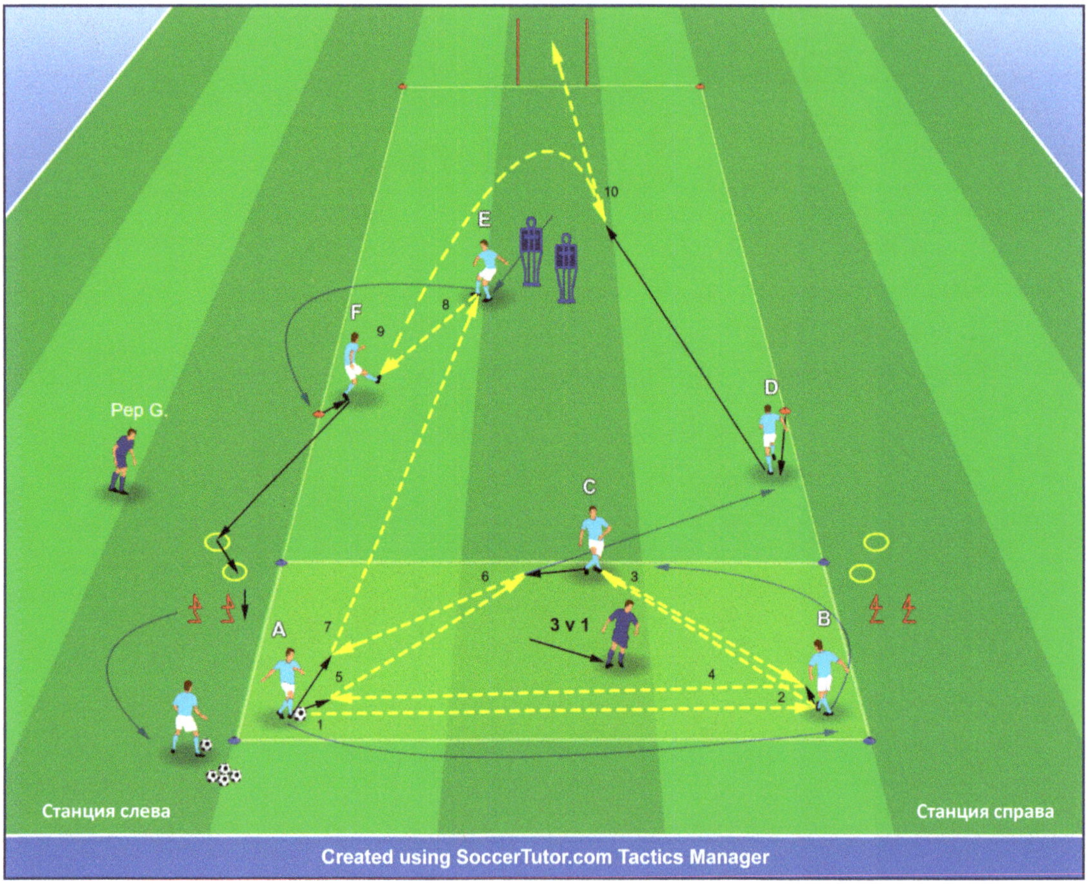

Описание

1-5. Упражнение начинают три игрока, владеющие мячом в ситуации 3х1 против тренера.

6. После нескольких передач игрок C передает мяч обратно (скидка) игроку A.

7. Игрок A пасует вперед игроку E, который бежит назад, чтобы получить мяч.

8. Игрок E скидывает мяч игроку F.

9. Игрок F выполняет короткий пас верхом («заброс»), на ход игроку D.

10. Игрок D сначала выполнил ложное открывание, прежде чем своевременно бежать за спину сопернику и забить между стойками.

11. Игроки A, B, C, D, E и F меняют позиции, и упражнение возобновляется с самого начала.

Источник: занятие Пепа Гвардиолы с командой «Манчестер Сити» на тренировочном поле «Этихад Кампус», Манчестер – 23 ноября 2018 года

Пеп Гвардиола: Тренировка передач «Манчестер Сити»

4. Ситуация 3х1 + скидка, пас поперёк, пас верхом за спину манекенам и завершение (вариант 1)

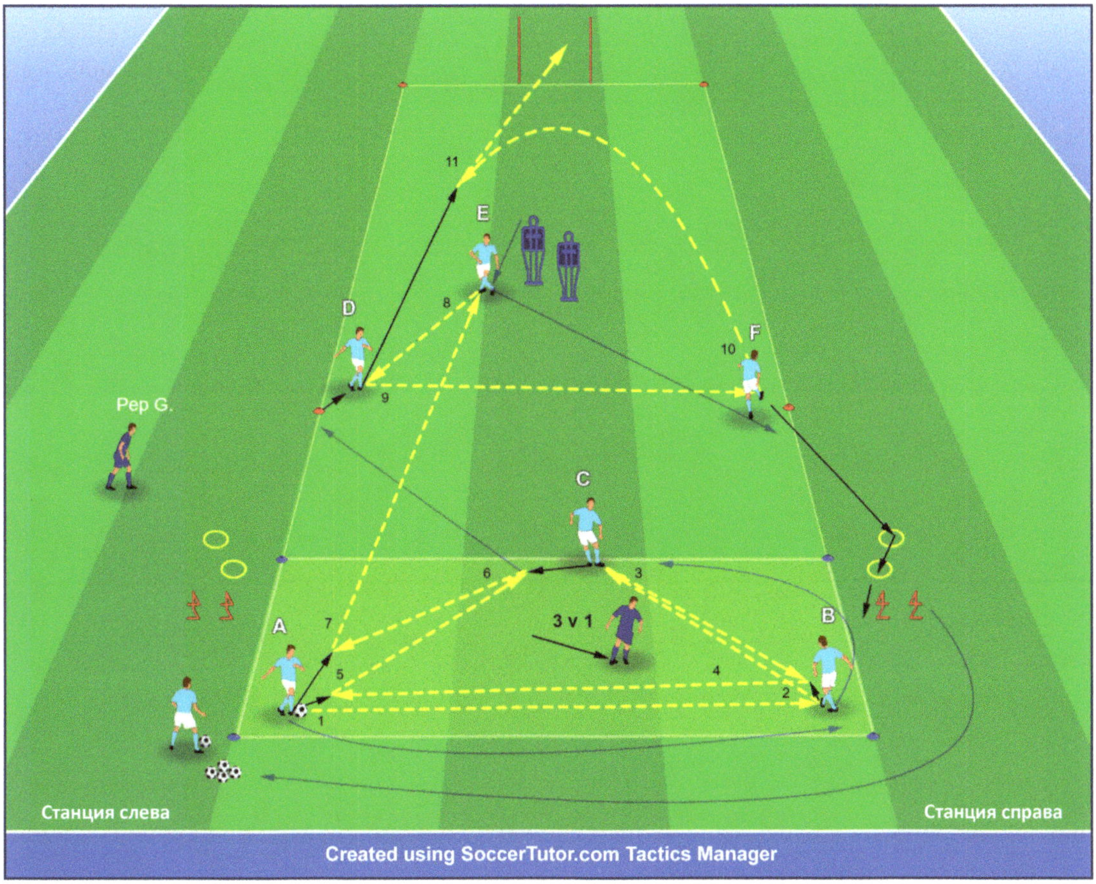

Описание

1-5. Упражнение начинают три игрока, владеющие мячом в ситуации 3х1 против тренера.

6. После нескольких передач игрок C передает мяч назад (скидка) игроку A.

7. Игрок A пасует вперед игроку E, который бежит назад, чтобы получить мяч.

8. Игрок E скидывает мяч игроку D.

9. Игрок D пасует поперёк игроку F.

10. Игрок F выполняет короткий пас верхом («заброс») за спину манекенам на ход игроку D.

11. Игрок D своевременно бежит вперёд, чтобы забить между стойками.

12. Игроки A, B, C, D, E и F меняют позиции, и упражнение возобновляется с самого начала.

Источник: занятие Пепа Гвардиолы с командой «Манчестер Сити» на тренировочном поле «Этихад Кампус», Манчестер – 23 ноября 2018 года

Пеп Гвардиола: Тренировка передач «Манчестер Сити»

5. Ситуация 3х1 + быстрая комбинационная игра в пас, передача верхом за спину манекенам и завершение (вариант 2)

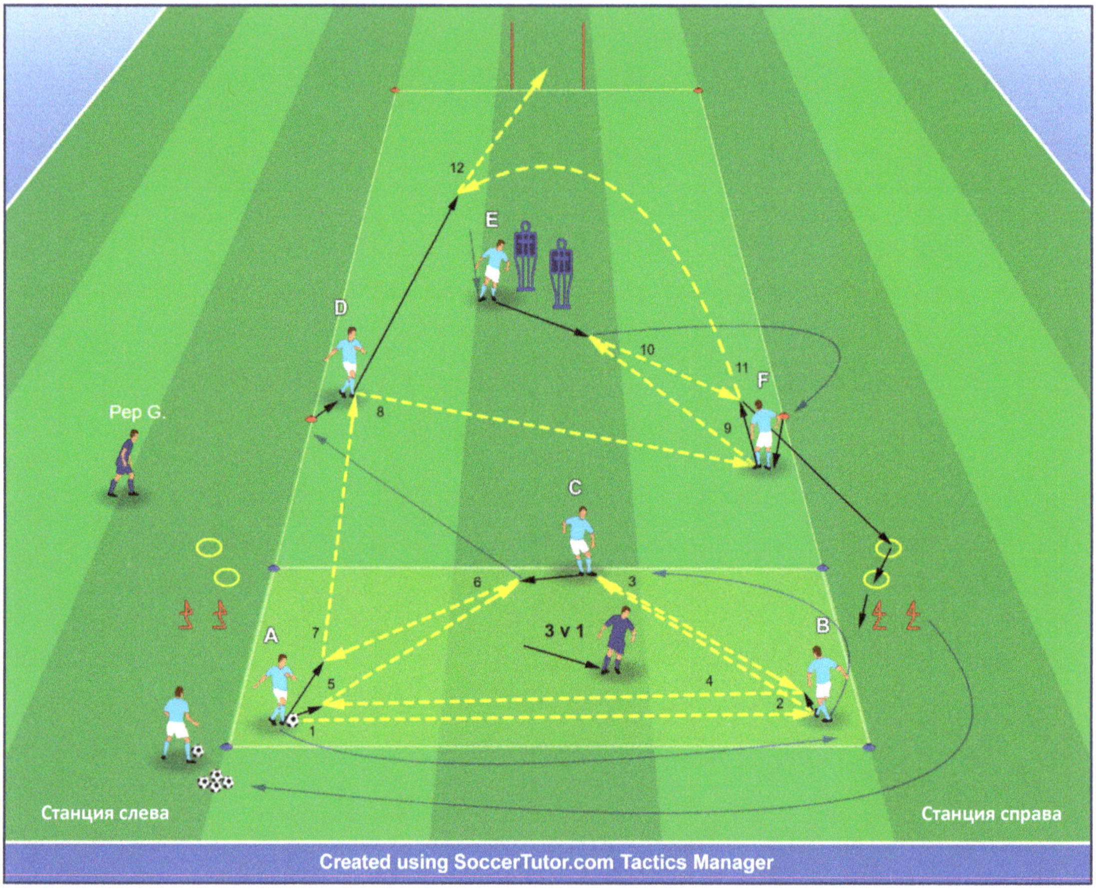

Описание

1-5. Упражнение начинают три игрока, владеющие мячом в ситуации 3х1 против тренера.

6. После нескольких передач игрок С передаёт мяч назад (скидка) игроку А.

7. Игрок А пасует игроку D.

8. Игрок D пасует поперёк игроку F, который падает назад.

9. Игрок F пасует игроку Е, который смещается поперёк.

10. Игрок Е скидывает мяч игроку F.

11. Игрок F выполняет короткий пас верхом («заброс») за спину манекенам на ход игроку D.

12. Игрок D своевременно бежит вперёд, чтобы забить между стойками.

13. Игроки A, B, C, D, E и F меняют позиции, и упражнение возобновляется с самого начала.

Источник: занятие Пепа Гвардиолы с командой «Манчестер Сити» на тренировочном поле «Этихад Кампус», Манчестер – 23 ноября 2018 года

Пеп Гвардиола: Тренировка передач «Манчестер Сити»

6. Последовательность передач, приема и контроля мяча

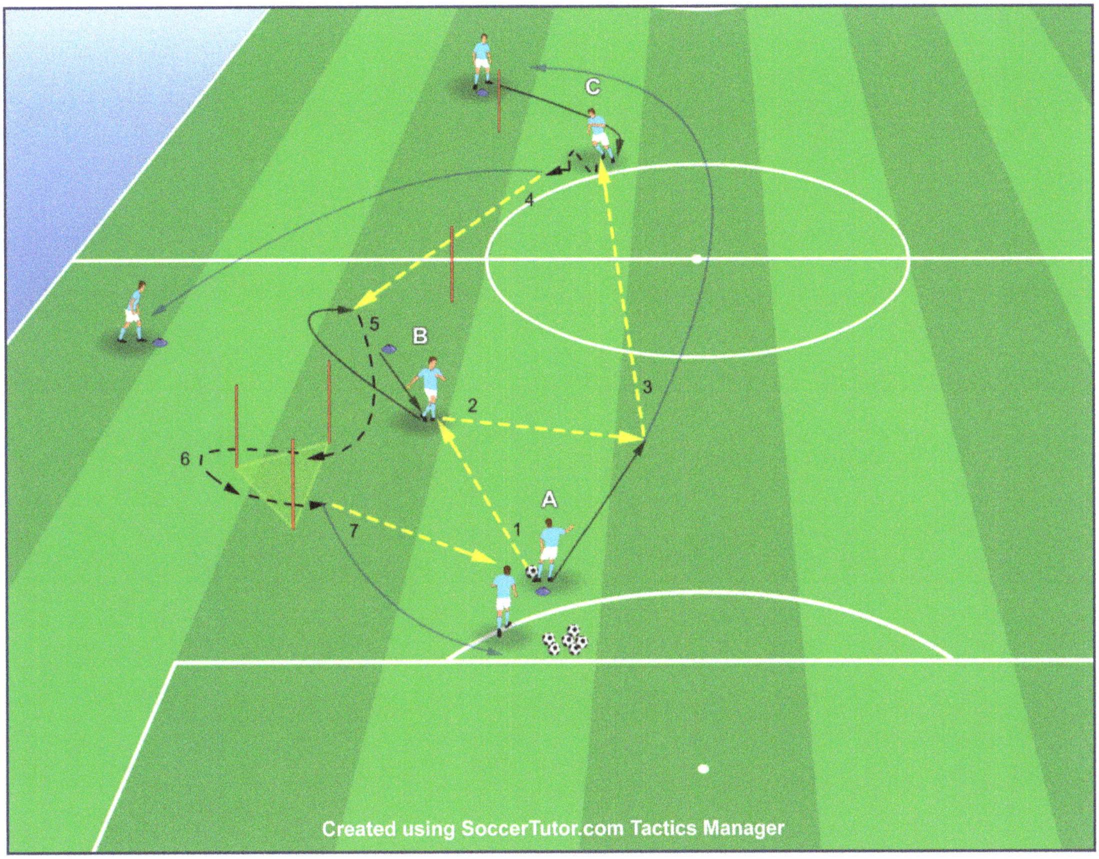

Описание

1. Игрок A пасует игроку B, который падает назад.
2. Игрок B пасует поперёк на ход игроку A.
3. Игрок A пасует игроку C, который смещается поперёк.
4. Игрок C пасует игроку B, который пробежал вокруг конуса, чтобы получить мяч.
5. Игрок B получает мяч и разворачивается.
6. Игрок B ведёт мяч между стоек.
7. Игрок B пасует к месту старта (A) и следующий игрок начинает.

Источник: занятие Пепа Гвардиолы с командой «Манчестер Сити» на тренировочном поле «Этихад Кампус», Манчестер – предсезонка 2016 года.

Тренировка передач «Бавария» Мюнхен

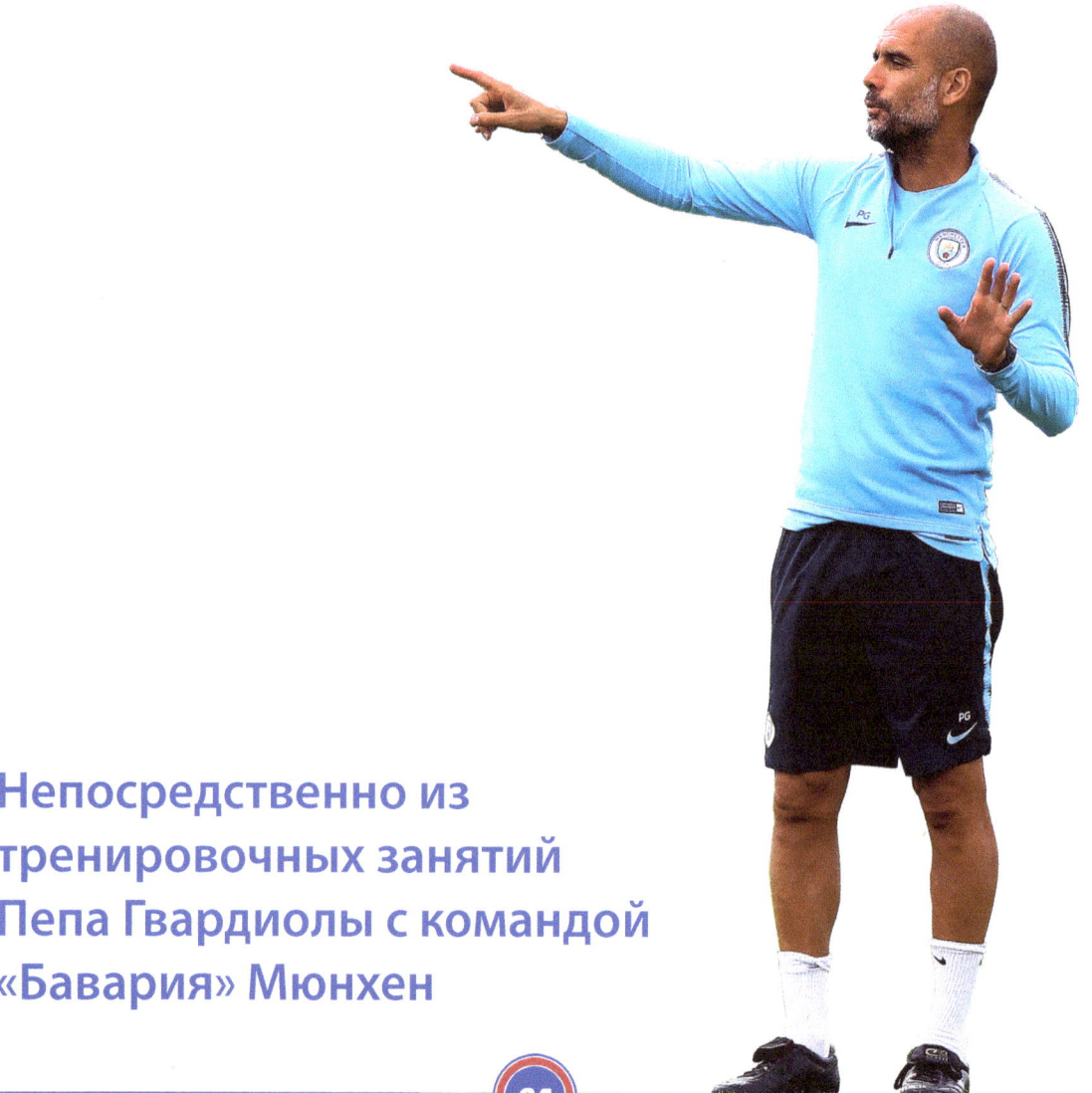

Непосредственно из тренировочных занятий Пепа Гвардиолы с командой «Бавария» Мюнхен

Пеп Гвардиола: Тренировка передач «Бавария» Мюнхен

1. Передача и движение для приёма мяча в круговой тренировке со скоростной работой

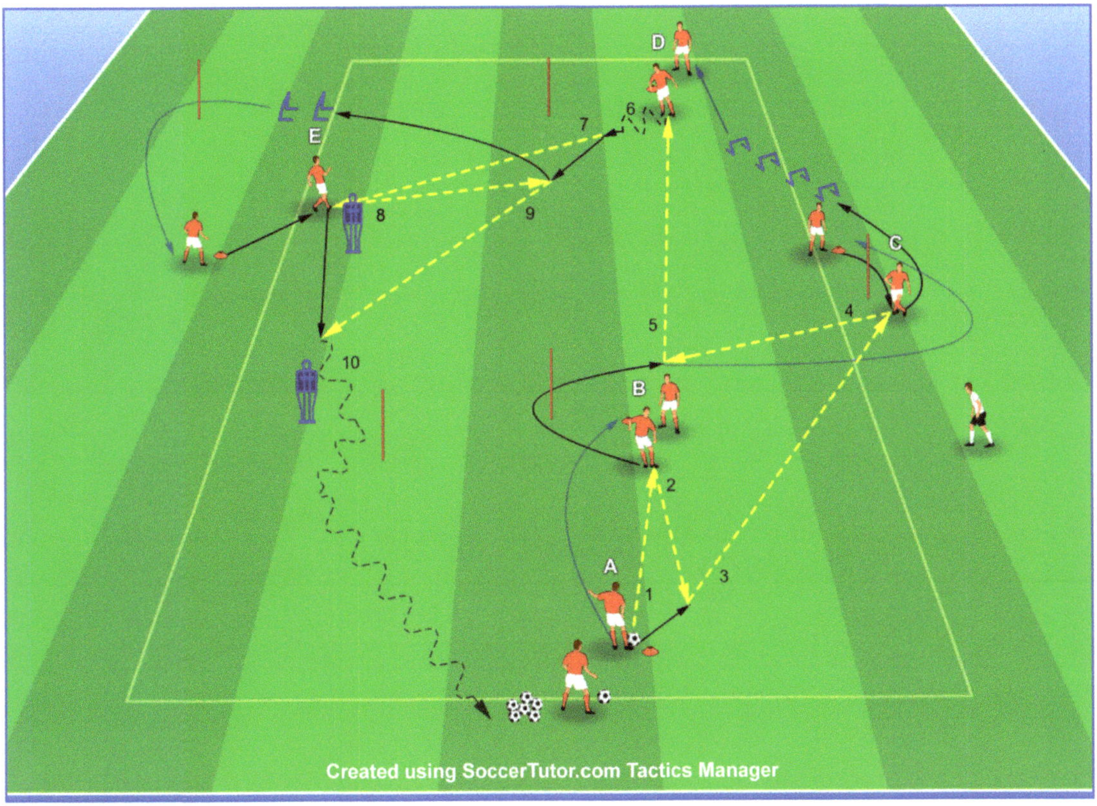

Описание

1. Игрок A пасует игроку B.
2. Игрок B передает мяч обратно игроку A (комбинация «стенка»), а затем бежит вокруг стойки.
3. Игрок A пасует на край игроку C, который падает за стойку.
4. Игрок C пасует внутрь игроку B.
5. Игрок B пасует игроку D.
6. Игрок D открывается и получает пас от игрока B.
7. Игрок D пасует игроку E.
8. Игрок E пасует внутрь игроку D.
9. Игрок D пасует в зону перед манекеном на ход игроку E, а затем бежит в сторону, перепрыгивает через 2 барьера и бежит вокруг стойки.
10. Игрок E обыгрывает манекен, затем стойку и ведёт мяч к началу (A).
11. Все игроки переходят на следующую позицию: A -> B -> C -> D -> E -> A.

Источник: занятие Пепа Гвардиолы с командой «Бавария» Мюнхен на тренировочном поле Зэбенерштрассе, Мюнхен

Пеп Гвардиола: Тренировка передач «Бавария» Мюнхен

2. Короткий и средний пас в одно касание со своевременным движением в «ромбе»

Игроки переходят на следующую позицию:
A -> B, B -> C, C -> D, D -> A.

2 группы по 8 игроков работают одновременно и все игроки в основном используют 1 касание.

Описание

1. Игрок A пасует игроку B, который выбегает перед манекеном для получения мяча.
2. Игрок B возвращает мяч игроку A, который двигается вперед.
3. Игрок A пасует игроку C, который перемещается позади манекена для получения мяча.
4. Игрок C отдает мяч игроку B, который падает назад для приёма мяча.
5. Игрок B пасует игроку D, который также падает назад для приёма мяча.
6. Игрок D скидывает мяч игроку C, который снова переместился за манекеном.
7. Игрок C выполняет проникающий пас на ход игроку D, который бежит вокруг стойки и манекена.
8. Игрок D ведет мяч на стартовую позицию (A).
9. Все игроки переходят на следующую позицию: A -> B -> C -> D -> A.

Источник: занятие Пепа Гвардиолы с командой «Бавария» Мюнхен на тренировочном поле Зэбенерштрассе, Мюнхен – 15 октября 2014 года

Пеп Гвардиола: Тренировка передач «Бавария» Мюнхен

3. Короткий и средний пас в одно касание со своевременным движением в «ромбе» (2 варианта)

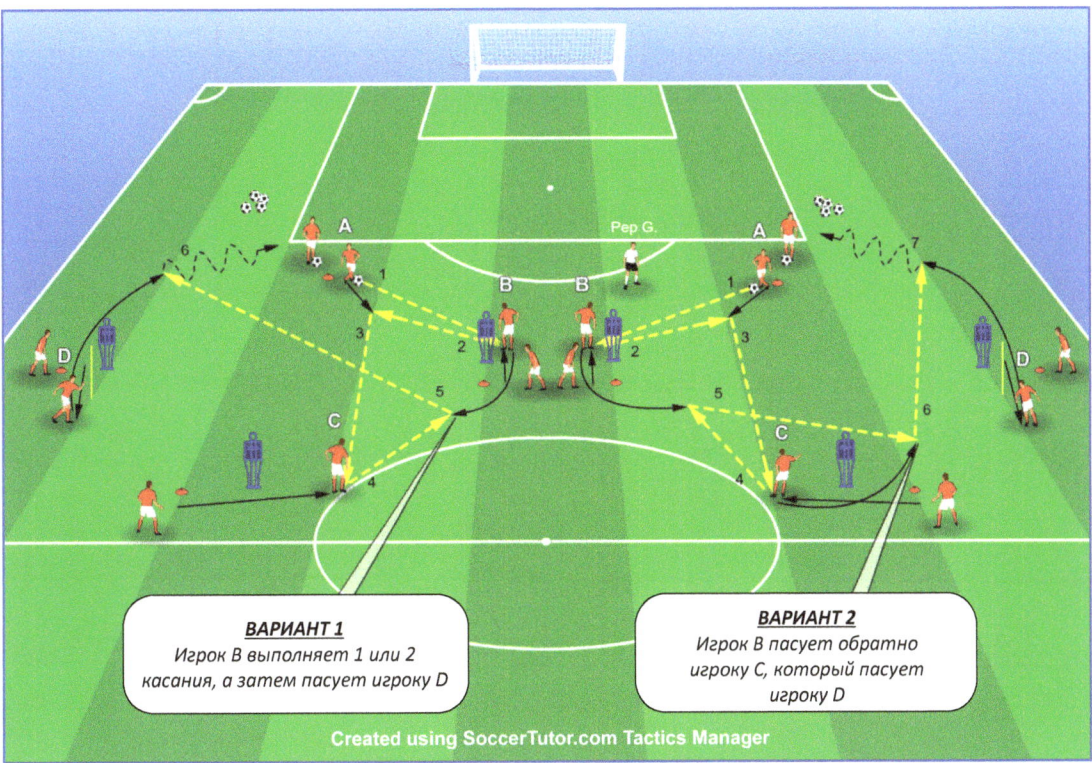

ВАРИАНТ 1
Игрок B выполняет 1 или 2 касания, а затем пасует игроку D

ВАРИАНТ 2
Игрок B пасует обратно игроку C, который пасует игроку D

Диаграмма показывает 2 варианта предыдущего упражнения.

Вариант 1

1-4. Первые 4 шага соответствуют данным на предыдущей странице.

5. Игрок B пасует игроку D (в зону перед манекеном).

6. Игрок D ведет мяч на стартовую позицию (A).

7. Все игроки переходят на следующую позицию: A -> B -> C -> D -> A.

Вариант 2

1-4. Первые 4 шага одинаковы.

5. Игрок B пасует игроку C, который перемещается позади манекена, чтобы получить мяч.

6. Игрок C выполняет проникающий пас на ход игроку D, который бежит вокруг стойки и манекена.

7. Игрок D ведет мяч на стартовую позицию (A).

8. Все игроки переходят на следующую позицию: A -> B -> C -> D -> A.

Источник: занятие Пепа Гвардиолы с командой «Бавария» Мюнхен на тренировочном поле Зэбенерштрассе, Мюнхен – 15 октября 2014 года

4. Последовательность передач с двойной «стенкой», открыванием за спину и завершением

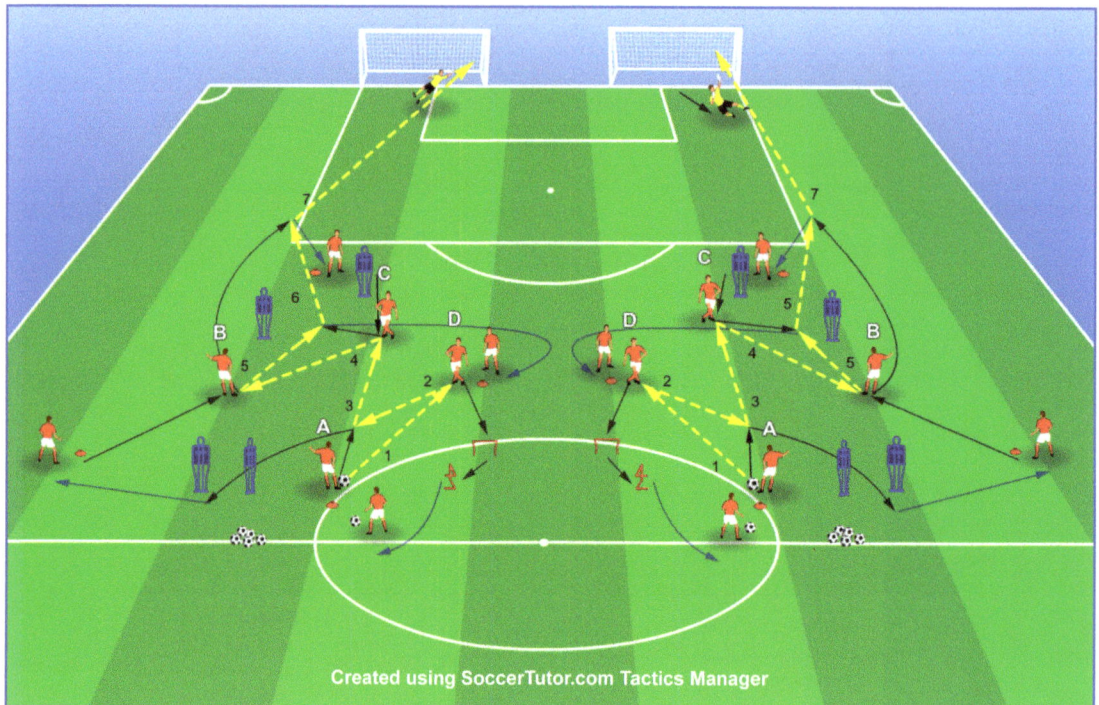

2 группы по 8 игроков работают одновременно и все игроки в основном используют 1 касание.

Описание

1. Игрок A пасует игроку D.

2. Игрок D возвращает мяч на ход игроку A, который двигается вперед. Затем игрок D перемещается, чтобы перепрыгнуть через 2 барьера.

3. Игрок A пасует игроку C, который падает назад. Затем игрок A использует быстрые приставные шаги между манекенами.

4. Игрок C передает мяч игроку B, который двигается по диагонали от своего конуса.

5. Игрок B возвращает мяч игроку C (комбинация «стенка»).

6. Игрок C выполняет проникающий пас на ход игроку B, который своевременно бежит вокруг манекена.

7. Игрок B пытается забить.

8. Все игроки переходят на следующую позицию: A -> B -> C -> D -> A.

Источник: занятие Пепа Гвардиолы с командой «Бавария» Мюнхен на тренировочном поле Зэбенерштрассе, Мюнхен

Пеп Гвардиола: Тренировка передач «Бавария» Мюнхен

5. Передача и движение для приёма мяча в атакующей комбинации со скидками и ударом с дальней дистанции

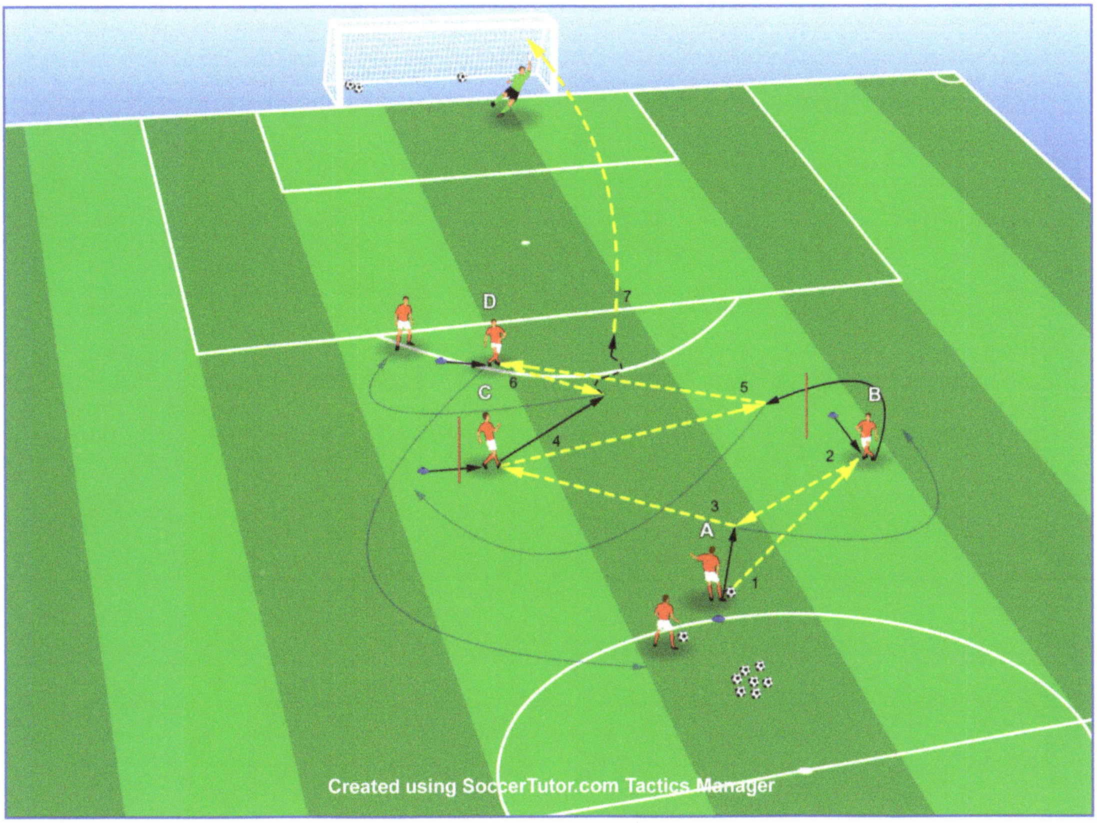

Описание

1. Игрок A пасует игроку B, который отбегает от конуса.

2. Игрок B возвращает мяч игроку A, который двигается вперед.

3. Игрок A пасует игроку C, который двигается поперек и выбегает перед стойкой.

4. Игрок C пасует игроку B, который бежит вокруг стойки и конуса.

5. Игрок B пасует игроку D.

6. Игрок D скидывает мяч назад на ход игроку C.

7. Игрок C ведёт мяч и наносит удар из-за пределов штрафной площади.

8. Все игроки переходят на следующую позицию: A -> B -> C -> D -> A.

Источник: занятие Пепа Гвардиолы с командой «Бавария» Мюнхен на тренировочном поле Зэбенерштрассе, Мюнхен – 1 февраля 2016 года

Пеп Гвардиола: Тренировка передач «Бавария» Мюнхен

6. Комбинационная игра в пас с двойной стенкой + удар из-за пределов штрафной площади

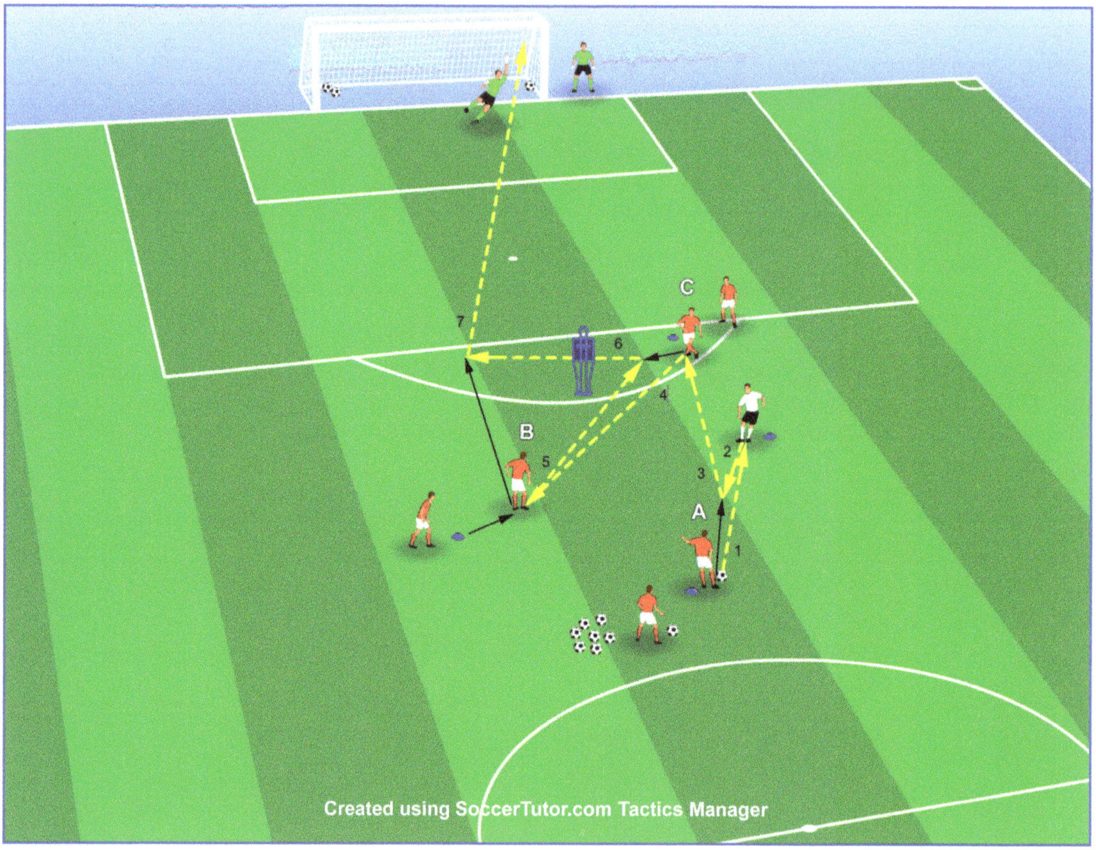

Описание

1. Игрок А пасует тренеру (белый).
2. Тренер возвращает мяч игроку А, чтобы завершить комбинацию «стенка».
3. Игрок А пасует игроку С.
4. Игрок С пасует по диагонали назад игроку В, который отбегает от конуса.
5. Игрок В передает мяч игроку С справа от манекена.
6. Игрок С выполняет проникающий пас в зону перед манекеном, на ход игроку В.
7. Игрок В наносит удар из-за пределов штрафной площади.
8. Все игроки переходят на следующую позицию: A -> B -> C -> A.

Источник: занятие Пепа Гвардиолы с командой «Бавария» Мюнхен на тренировочном поле Зэбенерштрассе, Мюнхен – 21 мая 2015 года

Пеп Гвардиола: Тренировка передач «Бавария» Мюнхен

7. Комбинационная игра в пас вокруг штрафной площади и завершение

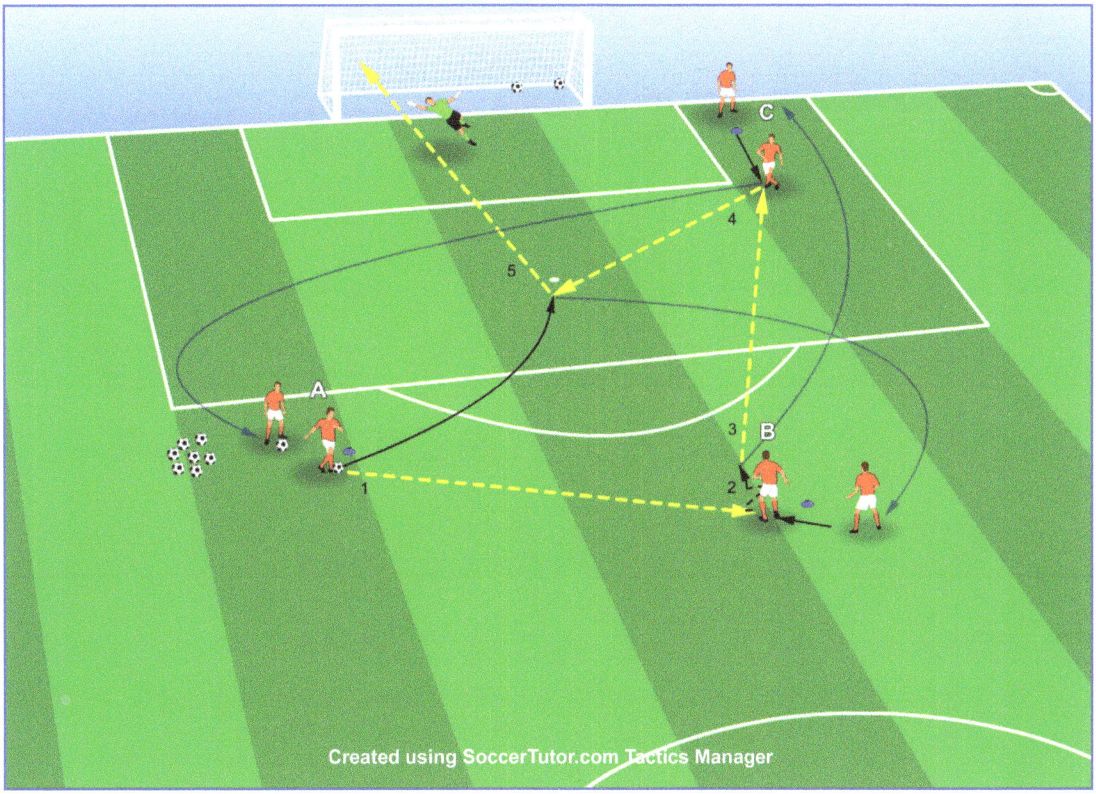

Описание

1. Игрок А возвращает мяч игроку В, который бежит под углом от конуса.

2. Игрок В открывается, чтобы получить пас.

3. Игрок В пасует игроку С, который отбегает от конуса.

4. Игрок С пасует в штрафную площадь, в направлении 11-м отметки.

5. Игрок А своевременно бежит в штрафную площадь и пытается забить.

6. Все игроки переходят на следующую позицию: A -> B -> C -> A.

Источник: тренировочное занятие Пепа Гвардиолы с командой «Бавария» Мюнхен в Дохе, Катар – 11 января 2016 года

Тренировка передач ФК «Барселона»

Непосредственно из тренировочных занятий Пепа Гвардиолы с командой «Барселона»

«Меня воспитывал уникальный мастер. Я очень вырос с Пепом как игрок и многому научился у него. Некоторые менеджеры - превосходные тактики, но Пеп также описывал действия, которые вы должны были выполнить на поле, и что тогда произойдет. И это происходило!»

(Лионель Месси)

Пеп Гвардиола: Тренировка передач ФК «Барселона»

1. Открывание для приёма мяча после передачи в квадрате

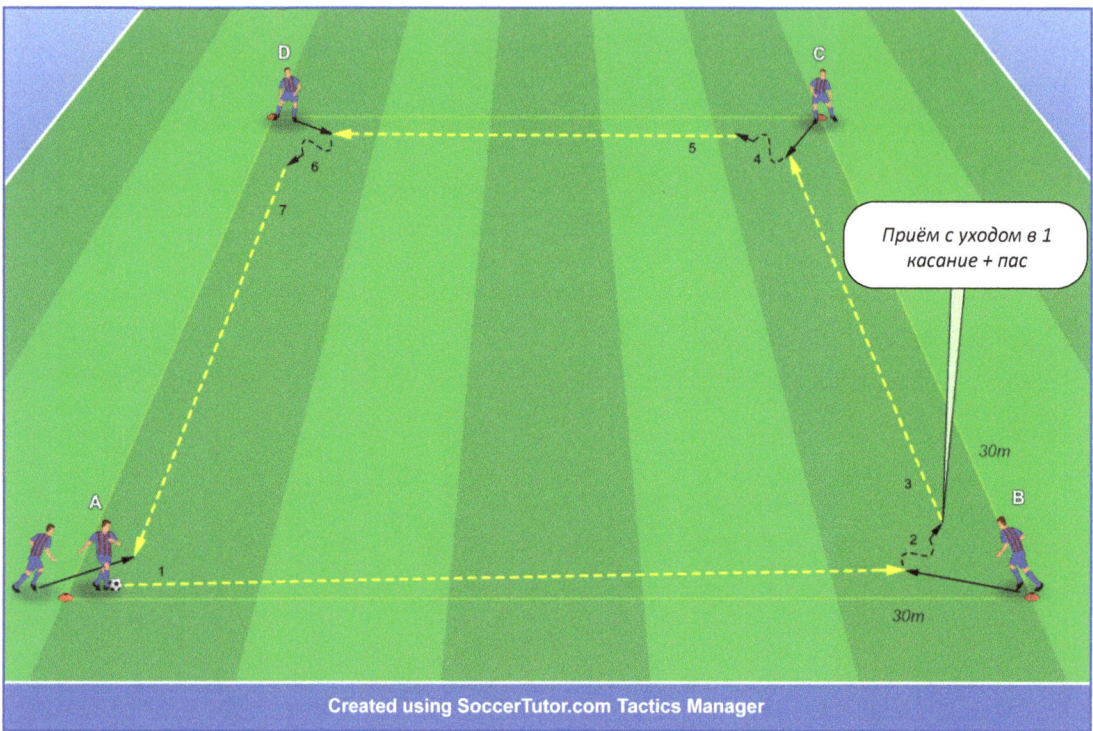

Перед этой тренировкой игроки потратили 5 минут на разминку и 3 минуты на растяжку. Это один из трёх вариантов тренировки передач в квадрате - см. следующие 2 страницы для 2-го и 3-го варианта.

7. Игрок D пасует на старт (А), и та же последовательность продолжается.

8. Все игроки переходят на следующую позицию: A -> B -> C -> D -> A.

Описание

1. Игрок А пасует игроку В.
2. Игрок В открывается и получает мяч.
3. Игрок В пасует игроку С.
4. Игрок С открывается и получает мяч.
5. Игрок С пасует игроку D.
6. Игрок D открывается и получает мяч.

Источник: тренировочное занятие Пепа Гвардиолы с командой «Барселона Б» (2007-2008)

Пеп Гвардиола: Тренировка передач ФК «Барселона»

2. Стенка и движение для приёма мяча после передачи в квадрате

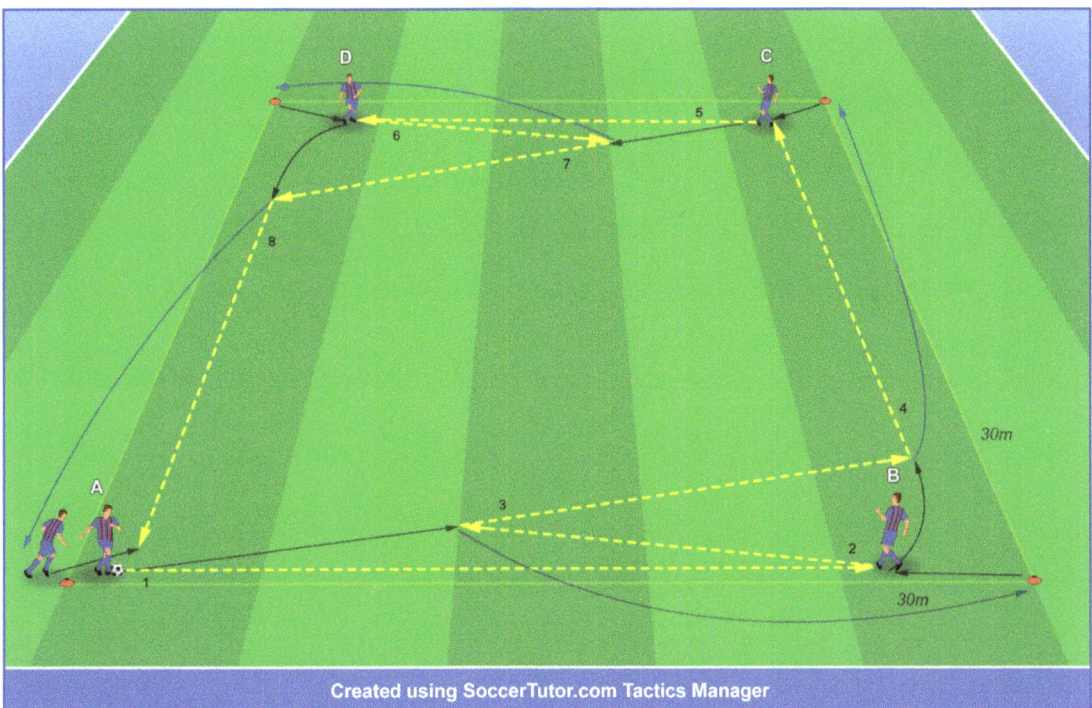

Игроки выполняют это упражнение в течение 3 минут. Это второй из трёх вариантов тренировки передач в квадрате - см. следующую страницу для 3-го варианта.

Описание

1. Игрок A пасует игроку B.
2. Игрок B возвращает мяч назад на ход игроку A (комбинация «стенка»).
3. Игрок A пасует на ход игроку B, который открывается для приёма мяча.
4. Игрок B пасует игроку C.
5. Игрок C пасует игроку D.
6. Игрок D возвращает мяч назад на ход игроку C (комбинация «стенка»).
7. Игрок C пасует на ход игроку D, который открывается для приёма мяча.
8. Игрок D пасует на старт (A), и та же последовательность продолжается.
9. Все игроки переходят на следующую позицию: A -> B -> C -> D -> A.

Источник: тренировочное занятие Пепа Гвардиолы с командой «Барселона Б» (2007-2008)

3. Короткие и средние передачи в комбинационной игре в квадрате

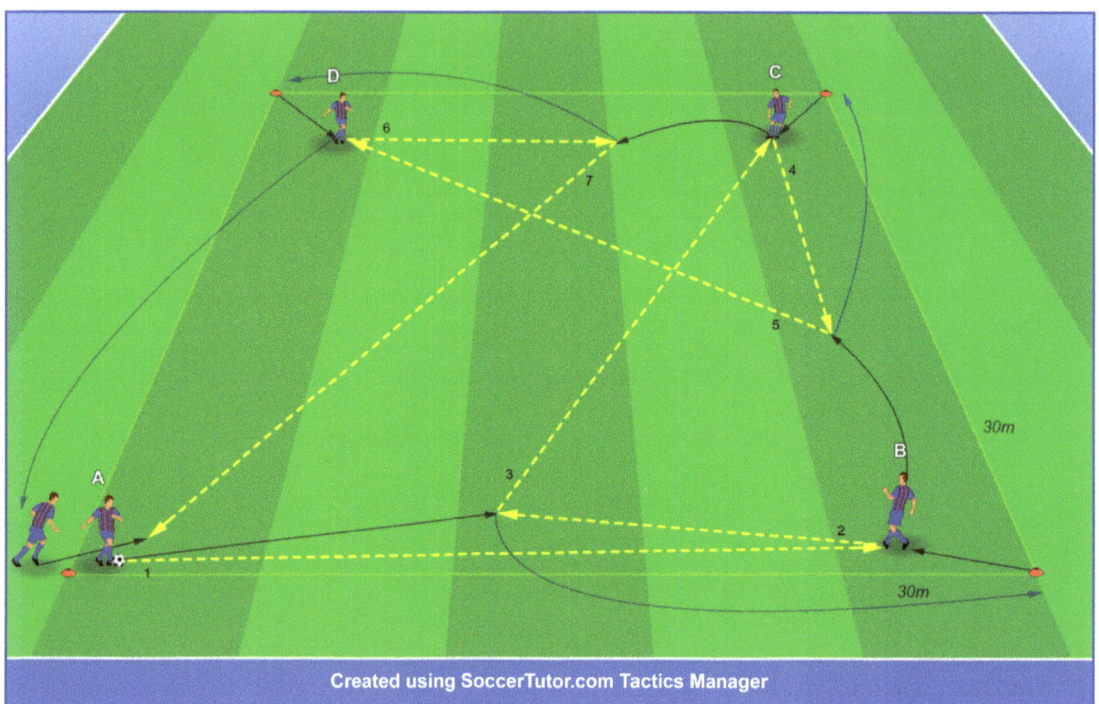

Игроки выполняют это упражнение в течение 3 минут. Это третий вариант тренировки передач в квадрате.

Описание

1. Игрок A пасует игроку B.
2. Игрок B возвращает мяч назад на ход игроку A (комбинация «стенка»).
3. Игрок A пасует игроку C по диагонали.
4. Игрок C возвращает мяч назад на ход игроку B.
5. Игрок B пасует игроку D по диагонали.
6. Игрок D возвращает мяч назад на ход игроку C.
7. Игрок C пасует игроку A по диагонали, и та же последовательность продолжается.
8. Все игроки переходят на следующую позицию: A -> B -> C -> D -> A.

Источник: тренировочное занятие Пепа Гвардиолы с командой «Барселона Б» (2007-2008)

Пеп Гвардиола: Тренировка передач ФК «Барселона»

4. «Стенка» и движение для приёма мяча после передачи в треугольнике

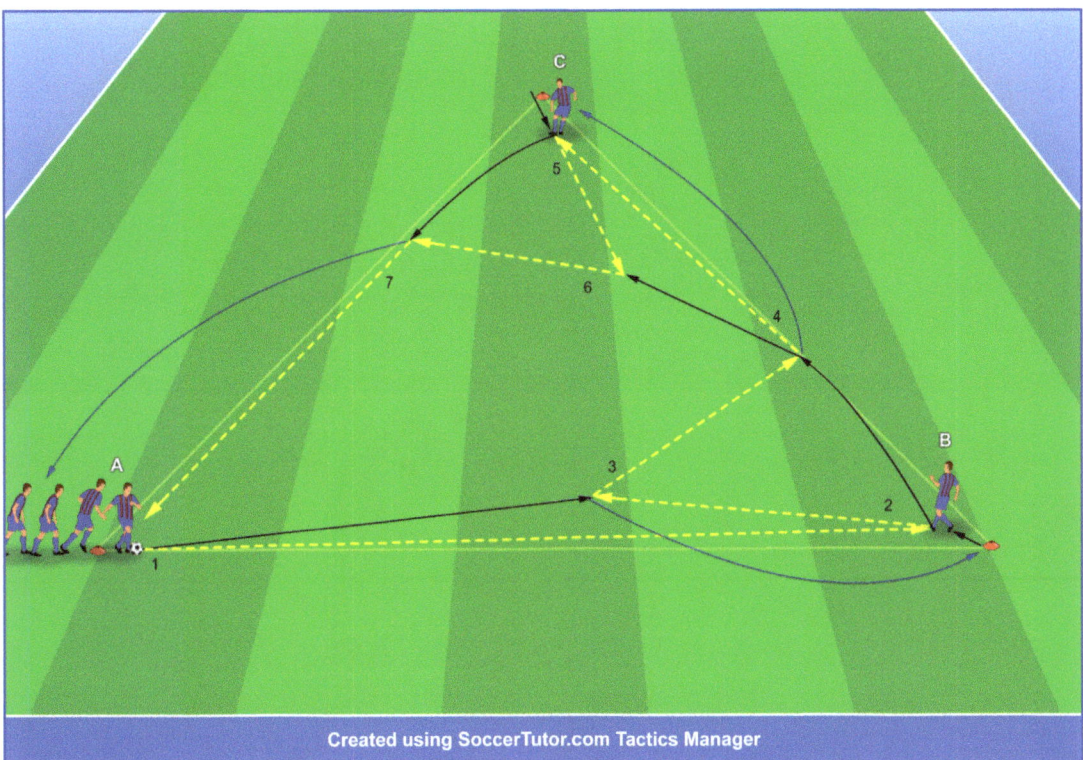

Игроки делают 3 оборота против часовой стрелки и 3 оборота по часовой стрелке каждый.

Описание

1. Игрок А пасует игроку В.
2. Игрок В возвращает мяч назад на ход игроку А (комбинация «стенка»).
3. Игрок А пасует в зону на ход игроку В.
4. Игрок В пасует игроку С.
5. Игрок С возвращает мяч игроку В.
6. Игрок В пасует в зону на ход игроку С.
7. Игрок С пасует на старт (А), и та же последовательность продолжается.
8. Все игроки переходят на следующую позицию: А -> В -> С -> А.

Источник: тренировочное занятие Пепа Гвардиолы с командой «Барселона Б» (2007-2008)

Пеп Гвардиола: Тренировка передач ФК «Барселона»

5. Комбинационная игра в короткий и средний пас в треугольнике

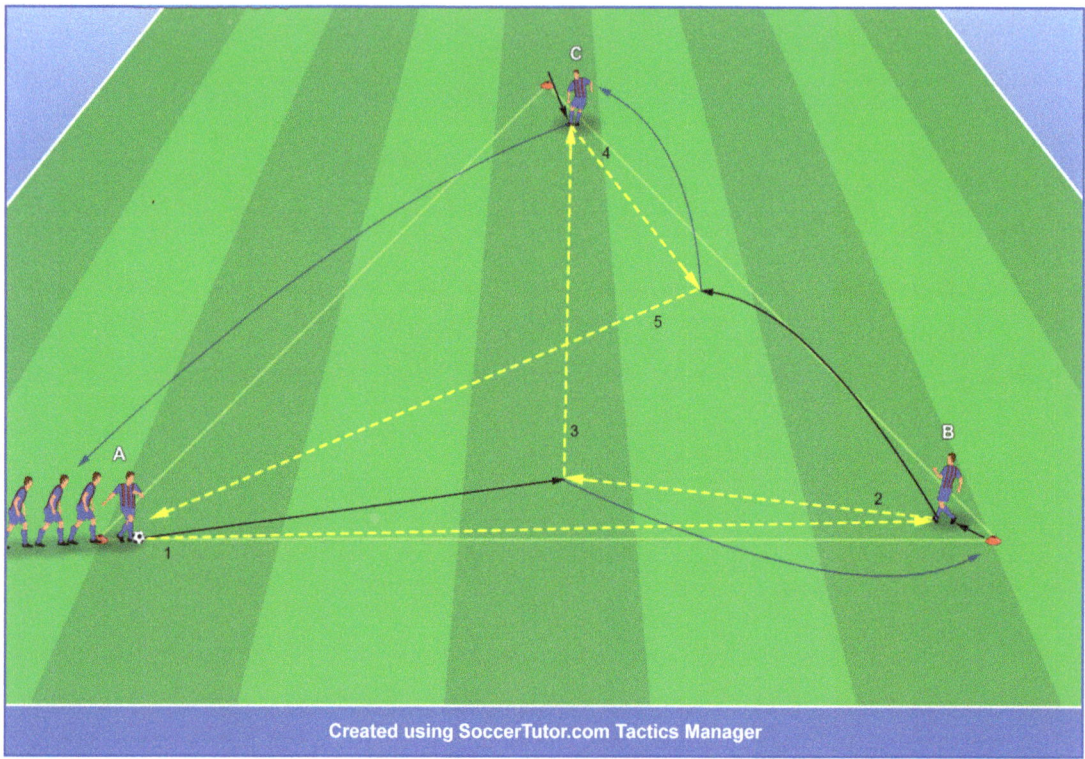

Игроки делают по 3 оборота против часовой стрелки и по 3 оборота по часовой стрелке.

Описание

1. Игрок А пасует игроку В.
2. Игрок В возвращает мяч обратно на ход игроку А (комбинация «стенка»).
3. Игрок А пасует игроку С.
4. Игрок С скидывает мяч назад, на ход игроку В.
5. Игрок В пасует на старт (А), и та же последовательность продолжается.
6. Все игроки переходят на следующую позицию: A -> B -> C -> A.

Источник: тренировочное занятие Пепа Гвардиолы с командой «Барселона Б» (2007-2008)

Пеп Гвардиола: Тренировка передач ФК «Барселона»

6. Комбинационная игра по шаблону «Y» с короткими и средними передачами и своевременным движением

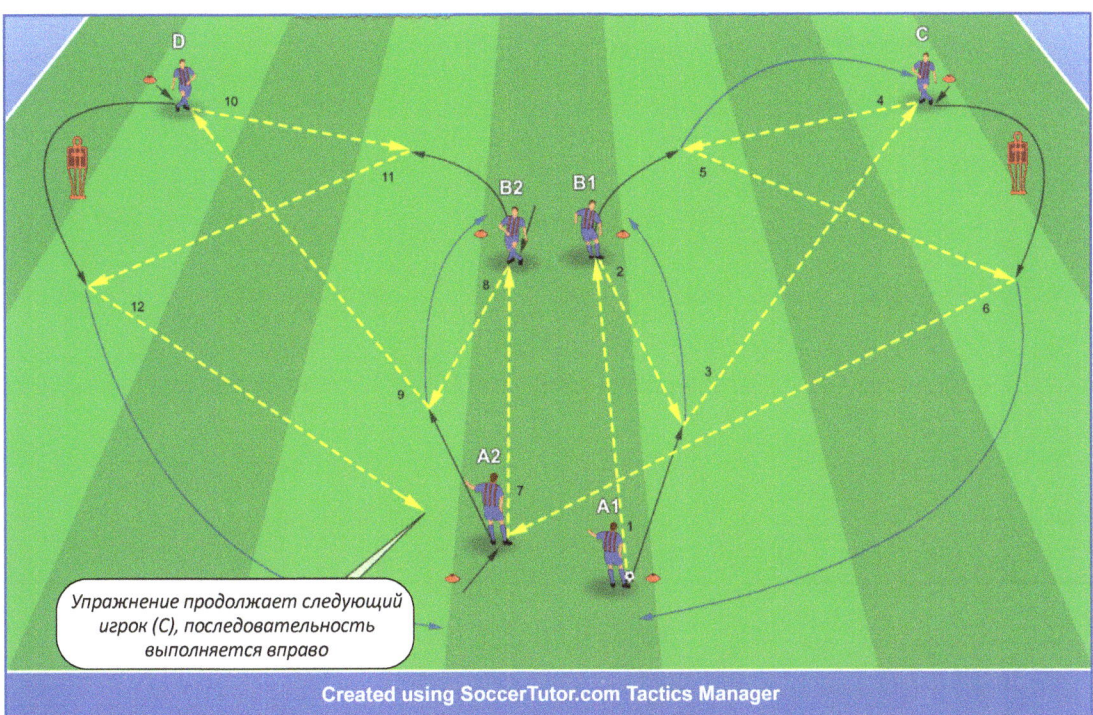

Упражнение продолжает следующий игрок (С), последовательность выполняется вправо

Описание

1. Игрок А1 пасует игроку В1.
2. Игрок В1 возвращает мяч назад (комбинация «стенка»), на ход игроку А1.
3. Игрок А1 пасует игроку С.
4. Игрок С отдает мяч назад игроку В1, который двигается вперед, чтобы получить пас.
5. Игрок В1 пасует в зону перед манекеном на ход игроку С, который бежит за манекеном.
6. Игрок С пасует игроку А2.
7. Игрок А2 пасует игроку В2.
8. Игрок В2 возвращает мяч назад (комбинация «стенка»), на ход игроку А2.
9. Игрок А2 пасует игроку D.
10. Игрок D скидывает мяч назад игроку В2, который двигается вперед, чтобы получить пас.
11. Игрок В2 пасует в зону перед манекеном на ход игроку D, который бежит за манекеном.
12. Игрок D пасует следующему игроку на стартовой позиции.
13. Все игроки переходят на следующую позицию: A -> B -> C -> D -> A.

Варианты

1. Игроки C / D ведут мяч на стартовую позицию.
2. Игроки C / D ведут мяч, а затем пытаются забить в малые ворота или в полноразмерные ворота с вратарем.

Источник: тренировочное занятие Пепа Гвардиолы с командой «Барселона Б» (2007-2008)

Пеп Гвардиола: Тренировка передач ФК «Барселона»

7. Пас верхом и движение для приёма мяча в прямоугольнике

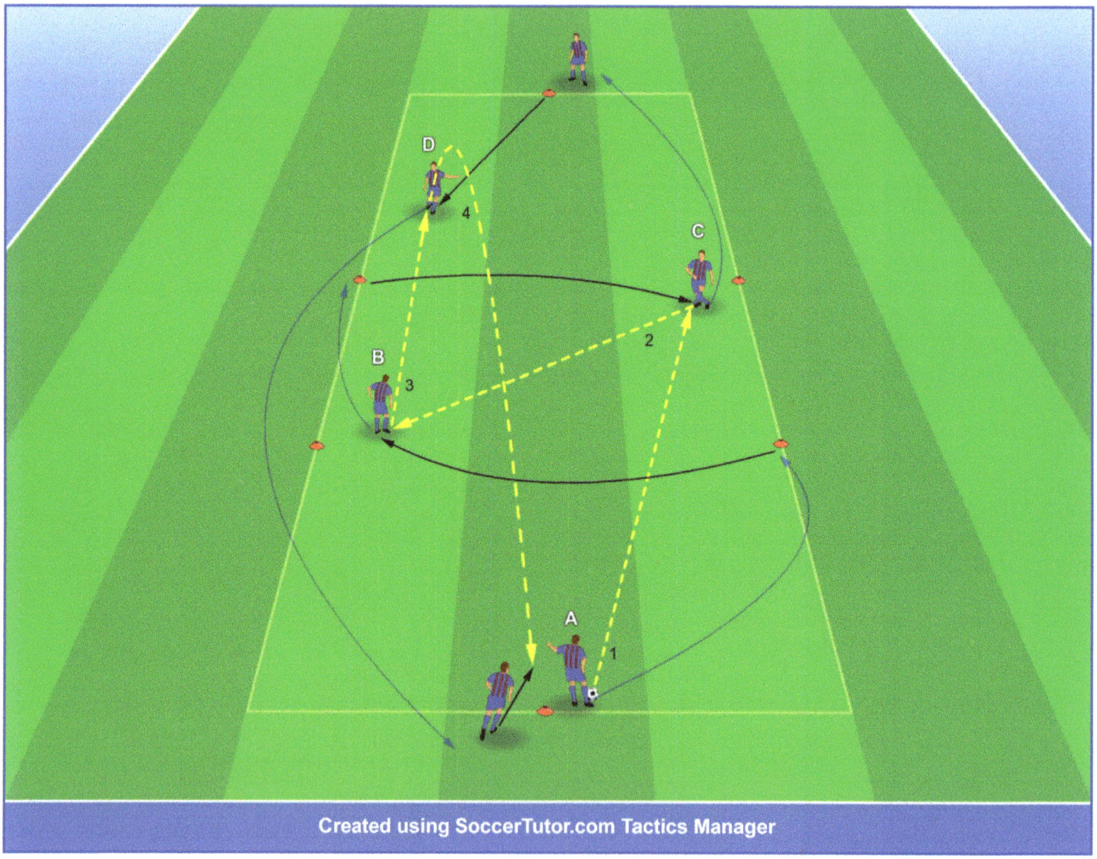

Каждый игрок выполняет 6 полных повторений с последующим 2-минутным отдыхом - пожалуйста, см. следующую страницу для изучения упражнения.

Описание

1. Игрок A пасует игроку C, который сместился поперёк площадки для приёма мяча.

2. Игрок C пасует игроку B, который также сместился поперёк площадки для приёма мяча, в противоположном направлении.

3. Игрок B пасует игроку D, который переместился по диагонали вперед от своего конуса.

4. Игрок D выполняет передачу верхом на старт (A).

5. Все игроки переходят на следующую позицию: A -> B -> C -> D -> A.

Источник: тренировочное занятие Пепа Гвардиолы с командой «Барселона Б» (2007-2008)

Пеп Гвардиола: Тренировка передач ФК «Барселона»

8. Передача верхом, движение для приёма мяча и «забегание» в прямоугольнике

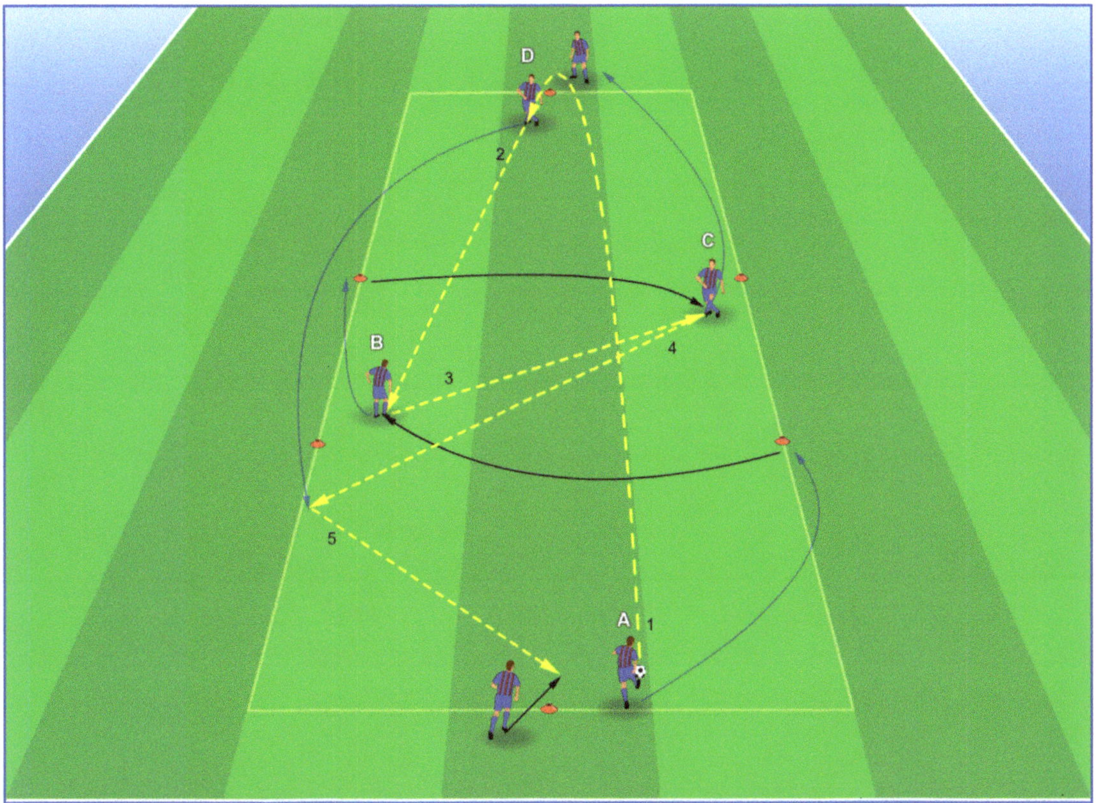

Каждый игрок выполняет 6 полных повторений с последующим 2-минутным отдыхом - пожалуйста, см. следующую страницу для изучения упражнения.

Описание

1. Игрок A выполняет передачу верхом на игрока D.
2. Игрок D пасует игроку B, который сместился поперёк площадки для приёма мяча.
3. Игрок B пасует игроку C, который также сместился поперёк площадки для приёма мяча, но в противоположном направлении.
4. Игрок C делает передачу на ход игроку D, который выполняет «забегание» с внешней стороны площадки.
5. Игрок D пасует на старт (A).
6. Все игроки переходят на следующую позицию: A -> B -> C -> D -> A.

Источник: тренировочное занятие Пепа Гвардиолы с командой «Барселона Б» (2007-2008)

Пеп Гвардиола: Тренировка передач ФК «Барселона»

9. Движение для приёма мяча со сложной комбинационной игрой в короткий пас в прямоугольнике

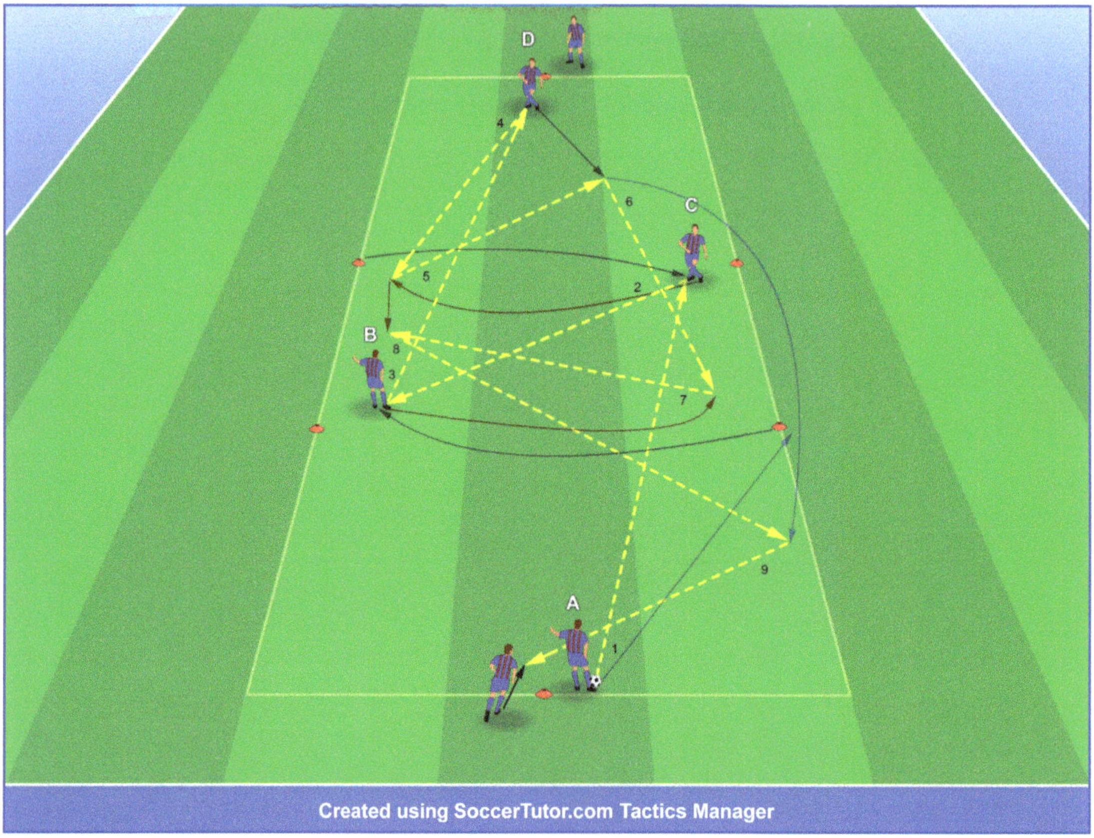

Каждый игрок выполняет 6 полных повторений, а затем отдых 2 минуты.

Описание

1. Игрок A пасует игроку C, который сместился поперёк площадки для приёма мяча на противоположный конус.
2. Игрок C пасует игроку B, который также сместился поперёк площадки для приёма мяча на противоположный конус.
3. Игрок B пасует игроку D.
4. Игрок D пасует C, который снова смещается поперёк на противоположный конус.
5. Игрок C пасует на ход игроку D.
6. Игрок D пасует игроку B, который снова смещается поперёк на противоположный конус.
7. Игрок B пасует игроку C.
8. Игрок C делает передачу на ход игроку D, который выполняет «забегание» с внешней стороны площадки.
9. Игрок D пасует на старт (A).
10. Все игроки переходят на следующую позицию: A -> B -> C -> D -> A.

Источник: тренировочное занятие Пепа Гвардиолы с командой «Барселона Б» (2007-2008)

Пеп Гвардиола: Тренировка передач ФК «Барселона»

10. Приём мяча, ведение вперед и удар из-за пределов штрафной площади

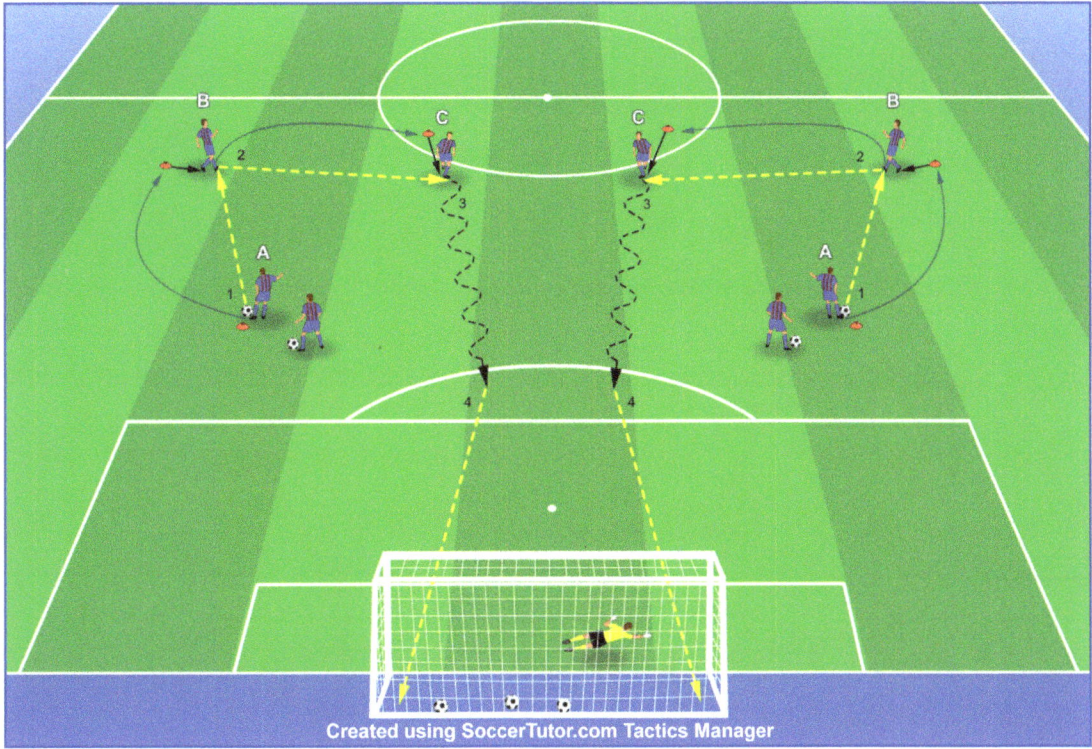

Перед этим упражнением игроки потратили 5 минут на разминку и 3 минуты на растяжку. Каждый игрок выполняет 2 повторения с каждой стороны. Это первый из трёх вариантов этого упражнения - см. следующие 2 страницы для 2-го и 3-го вариантов.

Описание

1. Игрок А пасует игроку В.
2. Игрок В пасует на ход игроку С, который отбегает от конуса.
3. Игрок С ведет мяч с большой скоростью.
4. Игрок С наносит удар из-за пределов штрафной площади.
5. Все игроки переходят на следующую позицию: A -> B -> C -> A.

Источник: тренировочное занятие Пепа Гвардиолы с командой «Барселона Б» (2007-2008)

Пеп Гвардиола: Тренировка передач ФК «Барселона»

11. Комбинация коротких передач + ведение вперед и удар из-за пределов штрафной площади

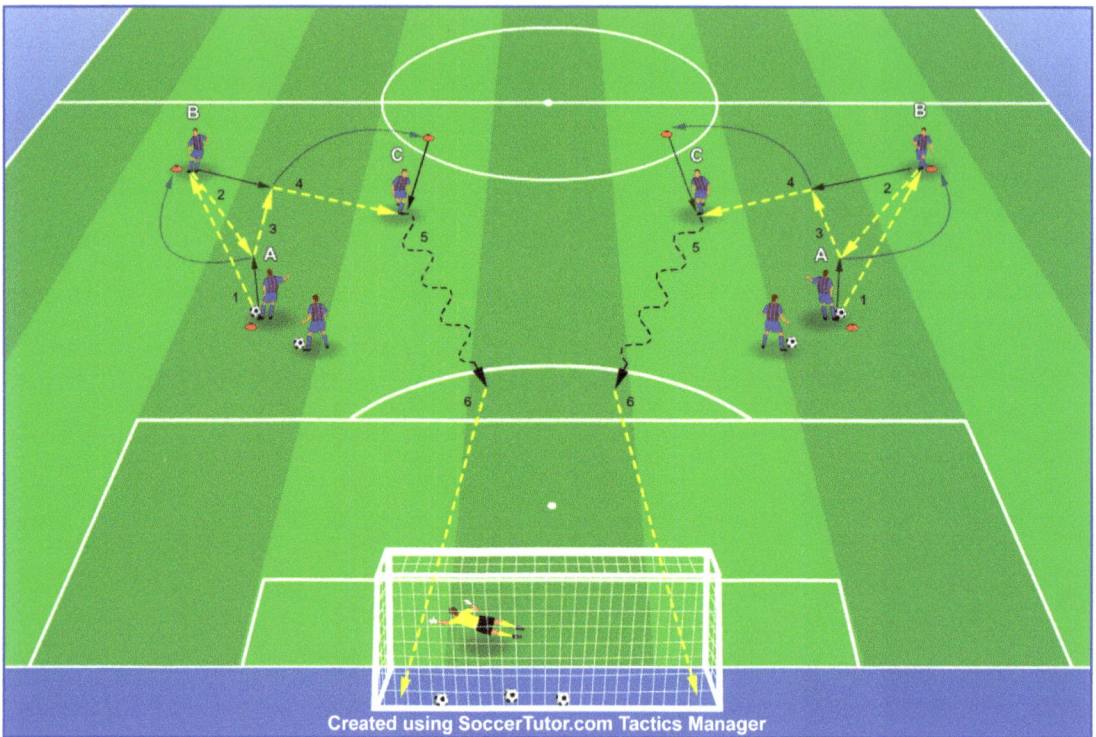

Это второй из трёх вариантов этого упражнения - пожалуйста, смотрите следующую страницу для 3-го варианта.

Описание

1. Игрок А пасует игроку B.
2. Игрок B возвращает мяч назад, на ход игроку А (комбинация «стенка»).
3. Игрок А пасует на ход игроку B, который смещается поперёк.
4. Игрок B пасует игроку C, который отбегает от конуса и получает мяч на ходу.
5. Игрок C ведет мяч с большой скоростью.
6. Игрок C наносит удар из-за пределов штрафной площади.
7. Все игроки переходят на следующую позицию: A -> B -> C -> A.

Источник: тренировочное занятие Пепа Гвардиолы с командой «Барселона Б» (2007-2008)

Пеп Гвардиола: Тренировка передач ФК «Барселона»

12. Комбинация коротких передач + бег вперед и удар из-за пределов штрафной площади

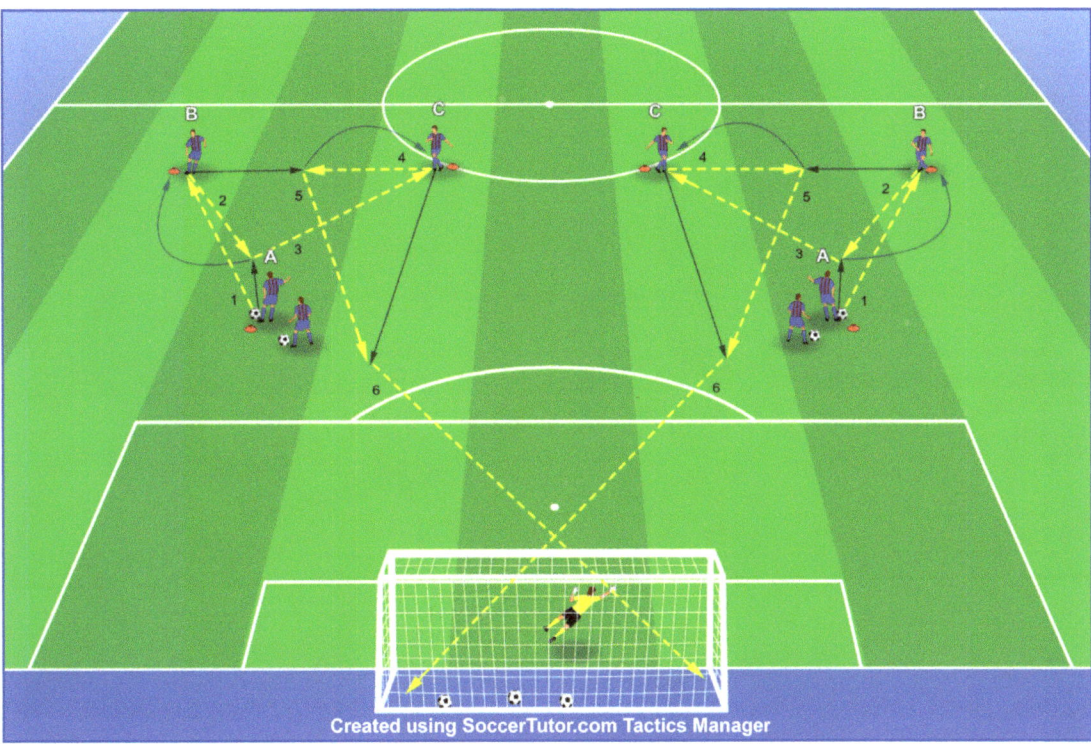

Это третий из трёх вариантов этого упражнения.

Описание

1. Игрок A пасует игроку B.
2. Игрок B возвращает мяч назад на ход игроку A (комбинация «стенка»).
3. Игрок A пасует игроку C.
4. Игрок C пасует игроку B, который смещается поперёк.
5. Игрок B пасует в зону перед игроком C, который может быстро бежать к мячу.
6. Игрок C наносит удар из-за пределов штрафной площади.
7. Все игроки переходят на следующую позицию: A -> B -> C -> A.

Источник: тренировочное занятие Пепа Гвардиолы с командой «Барселона Б» (2007-2008)

Рондо

Непосредственно из
тренировочных занятий
Пепа Гвардиолы

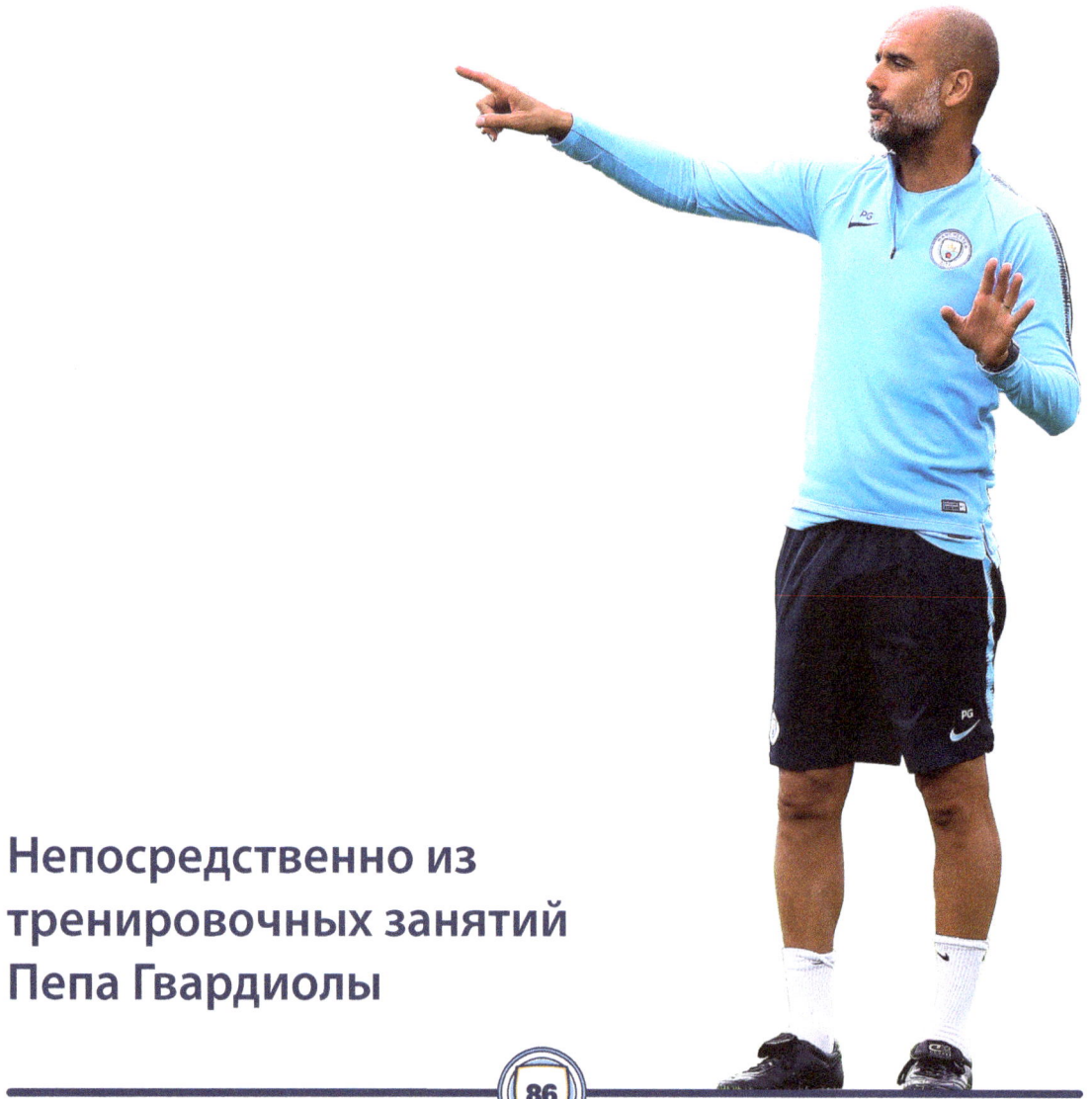

«Все, что происходит в матче, кроме ударов, можно делать в рондо. Соревновательный аспект, борьба за свободное пространство, что делать, когда у вас есть мяч, и что делать, когда у вас нет мяча, как играть в футбол одним касанием, как противостоять жесткой опеке и как вернуть мяч».

Йохан Кройфф
(Легендарный игрок и главный тренер команд «Аякс» и «Барселона»)

Пеп Гвардиола: Рондо

1. Рондо в треугольнике с ситуацией 3х1 внизу и вверху

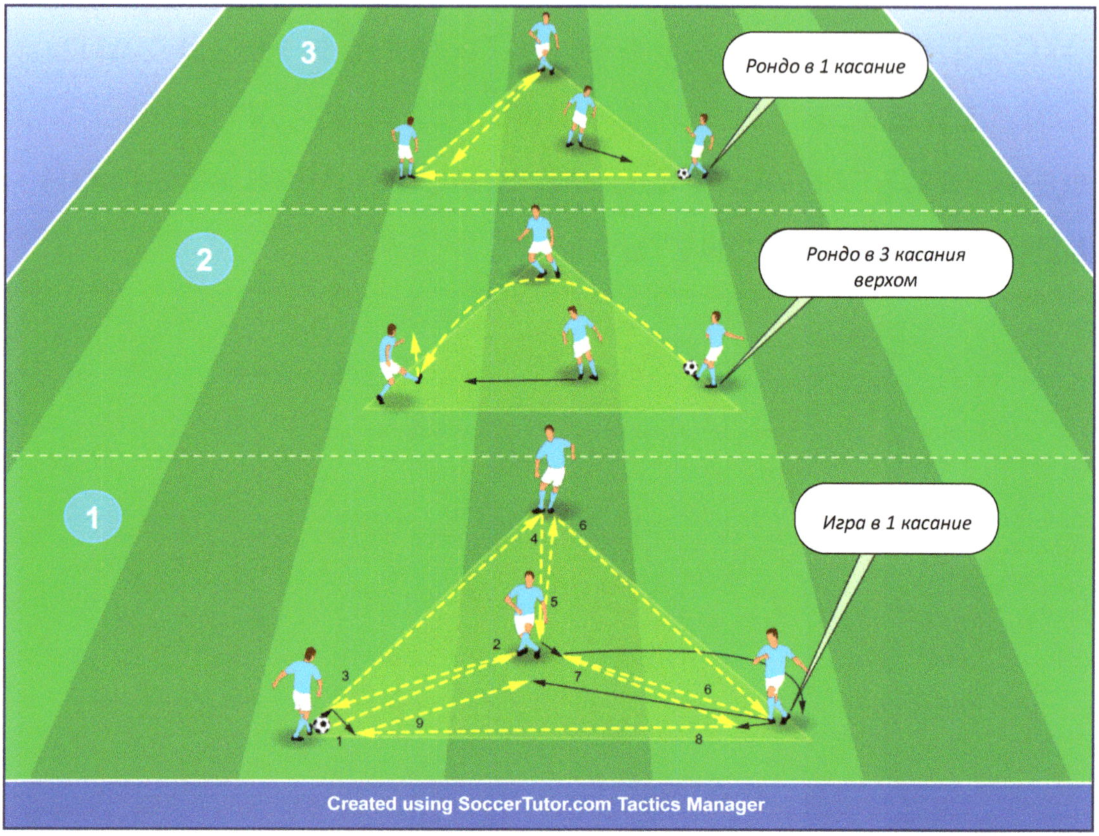

Рондо в 1 касание

Рондо в 3 касания верхом

Игра в 1 касание

Этап 1 (разминка)

- Игроки работают в группах по 4 человека и создают треугольную форму с 1 игроком посередине. Внешние игроки находятся на расстоянии около 4-5 метров.

- Средний игрок либо просто использует одно касание для передачи разным внешним игрокам, либо комбинации «стенка» с каждым внешним игроком.

- После нескольких пасов средний игрок меняется ролями с внешним игроком, и передачи продолжаются.

- Направление игры варьируется, часто меняется по часовой стрелке и против часовой стрелки.

Этап 2 (рондо в воздухе в 3 касания)

- Игроки держат мяч воздухе, пытаясь использовать ровно 3 касания (2 жонглирования + 1 для паса верхом). Они используют 1 или 2 касания, только когда невозможно сделать 3.

Стадия 3 (нормальное рондо)

- Игроки играют в обычное рондо 3 на 1, в основном используя 1 касание.

Источник: занятие Пепа Гвардиолы с командой «Манчестер Сити» на тренировочном поле «Этихад Кампус», Манчестер – 17 августа 2018 года

Пеп Гвардиола: Рондо

2. Рондо 4х2 в квадрате

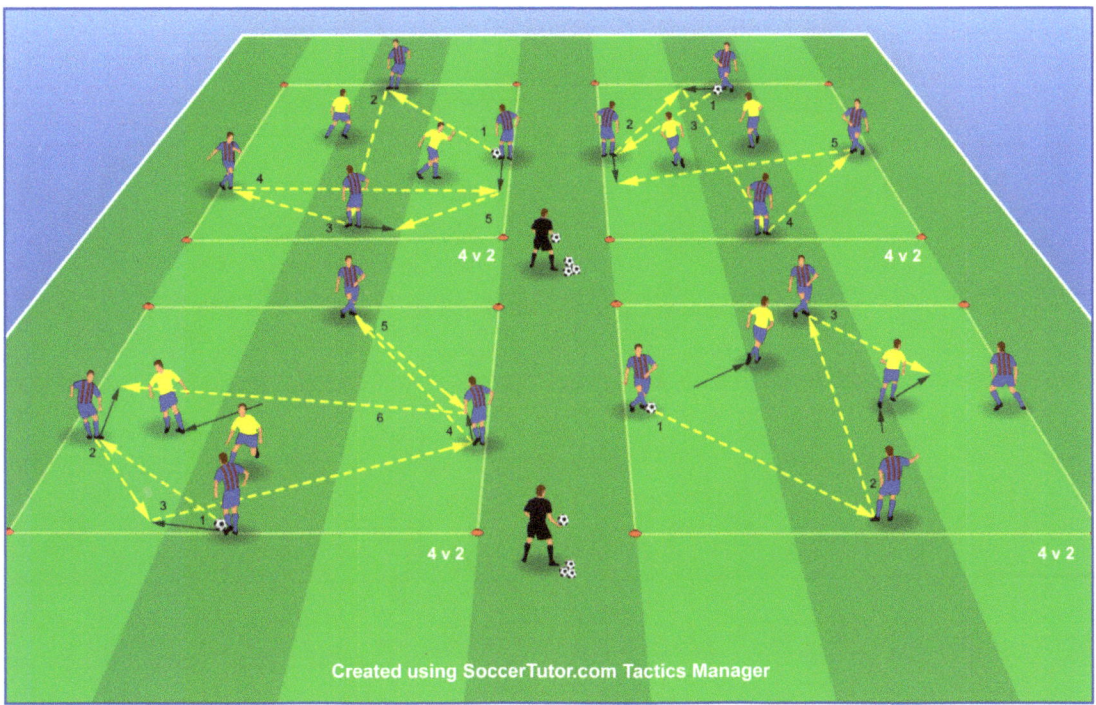

Описание

- Игроки работают в группах по 6 человек в квадратах 10х10 метров.

- В команде владеющей мячом по 1 игроку на одной стороне квадрата. Они расположены снаружи, но все равно должны играть в пределах квадрата.

- 4 внешних игрока стремятся сохранить мяч, пытаясь использовать 1 касание.

- Два внутренних игрока (желтые) работают вместе, пытаясь закрыть углы передач и выиграть мяч.

- Игрок, который теряет мяч, меняется ролями с игроком, который выиграл мяч.

Источник: тренировочное занятие Пепа Гвардиолы с командой «Барселона Б» (2007-2008)

Пеп Гвардиола: Рондо

3. Рондо 4х2 в прямоугольнике

Игроки быстро двигаются обеспечивая углы поддержки

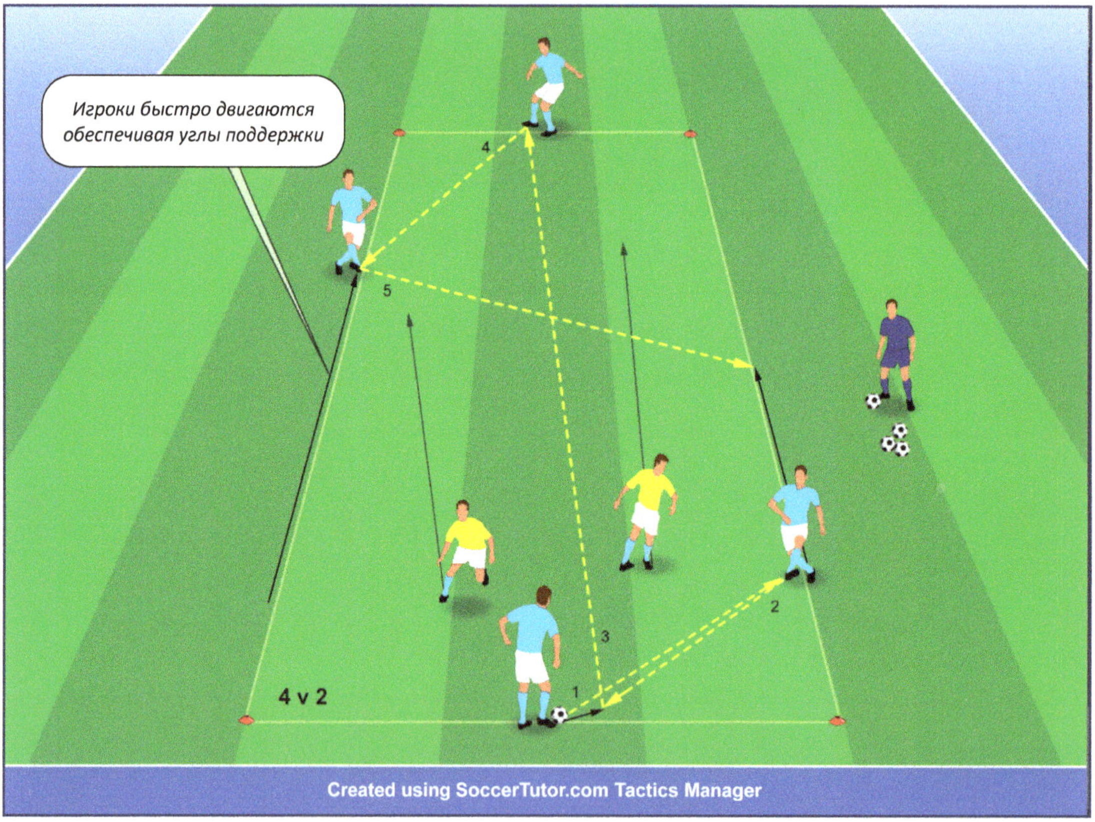

Описание

- Игроки работают в группах по 6 человек на площадке 3х10 метров.

- По одному игроку в команде владеющей мячом на каждой стороне прямоугольника. Они расположены на внешней стороне, но должны играть в пределах площадки.

- 4 внешних игрока стремятся сохранить мяч, в основном используя 1-2 касания.

- Два игрока на длинных сторонах прилагают все усилия, чтобы создать углы для игроков на коротких сторонах, постоянно двигаясь вверх и вниз.

- Два внутренних игрока (желтые) работают вместе, пытаясь закрыть углы передач и выиграть мяч.

- Игрок, который теряет мяч, меняется ролями с игроком, который выиграл мяч.

Источник: занятие Пепа Гвардиолы с командой «Манчестер Сити» на тренировочном поле «Этихад Кампус», Манчестер

Пеп Гвардиола: Рондо

«Про рондо люди все еще думают, что мы делаем это просто для развлечения. Нет! Это невероятное упражнение. Вы используете обе ноги, вы смотрите в направлении второй линии, вы пасуете внутрь, вы вытаскиваете своего соперника, а затем, когда он рядом с вами, пэм! Вы пасуете в другую сторону ... Это бесконечно. Это упражнение, которое допускает бесконечную реализацию».

«Рондо - это не прихоть. Это левая нога, правая нога, наблюдение, свободное пространство, поиск выхода из под прессинга, мысль о том, как сыграть мимо того кто прессингует тебя, тому, кого он бросил. Рондо огромен».

Хави
(Легендарный игрок «Барселоны» и сборной Испании)

Пеп Гвардиола: Рондо

4. Рондо 5x2 в квадрате

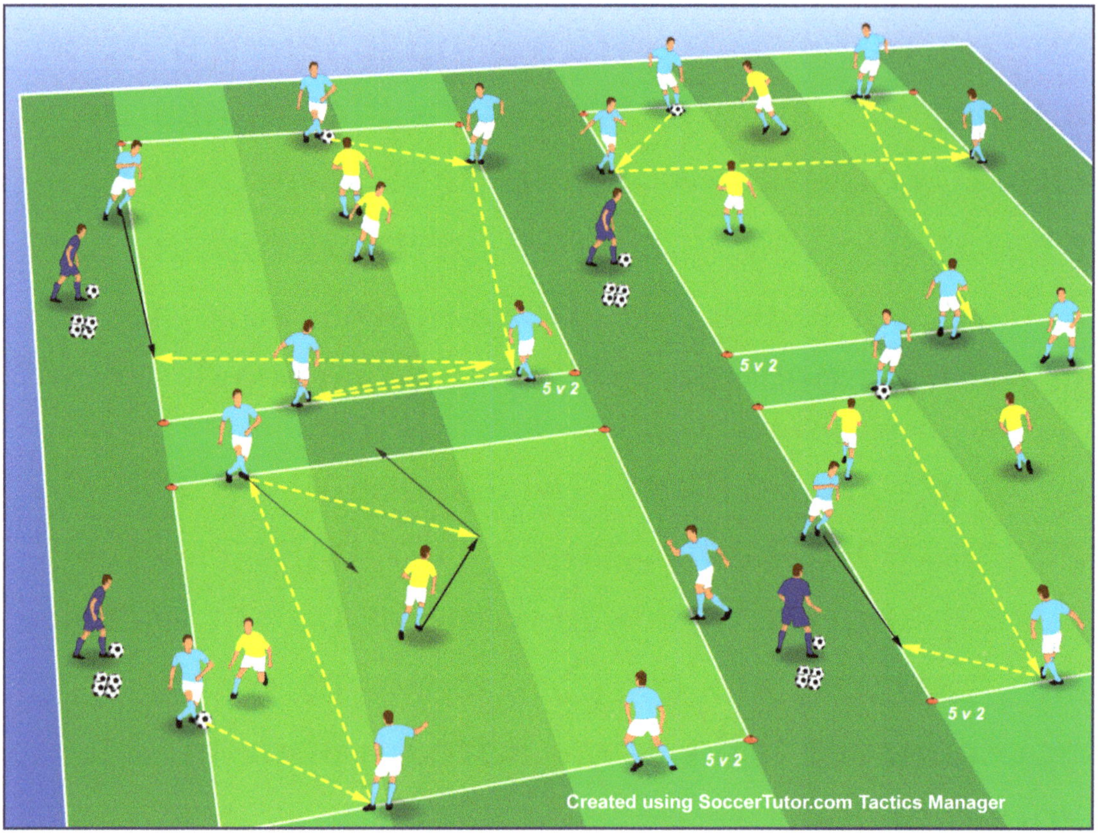

Описание

- Игроки работают в группах по 7 человек на площадке 10х10 метров.

- У команды владеющей мячом есть 2 игрока на одной стороне и по 1 игроку на каждой из 3 других сторон. Они расположены снаружи, но все равно должны играть в пределах площадки.

- 5 внешних игроков стремятся сохранить мяч, пытаясь использовать 1 касание.

- Два внутренних игрока (желтые) работают вместе, пытаясь закрыть углы передач и выиграть мяч.

- Игрок, который теряет мяч, меняется ролями с игроком, который выиграл мяч.

Источник: занятие Пепа Гвардиолы с командой «Манчестер Сити» на тренировочном поле «Этихад Кампус», Манчестер – 12 февраля 2018 года

Пеп Гвардиола: Рондо

5. Рондо 6x2 в прямоугольнике

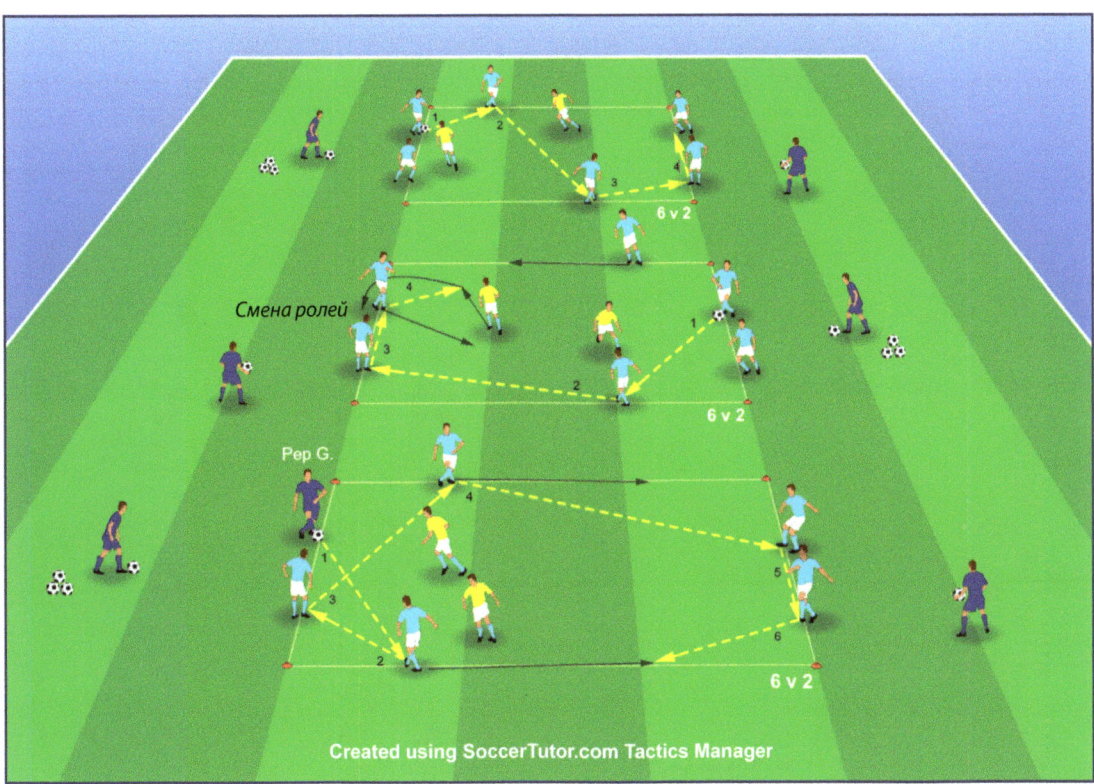

Описание

- Игроки работают группами по 8 человек на участке поля 5 x 10 метров.

- У команды владеющей мячом есть 2 игрока на каждой короткой стороне и 1 игрок на каждой длинной стороне. Они расположены снаружи, но все равно должны играть в пределах площадки.

- 6 внешних игроков стремятся сохранить мяч, пытаясь использовать 1 касание.

- Два игрока на длинных сторонах прилагают все усилия, чтобы создать углы для игроков на коротких сторонах, постоянно двигаясь вверх и вниз.

- Два внутренних игрока (желтые) работают вместе, пытаясь закрыть углы передач и выиграть мяч.

- Игрок, который теряет мяч, меняется ролями с игроком, который выиграл мяч.

Источник: занятие Пепа Гвардиолы с командой «Манчестер Сити» на тренировочном поле «Этихад Кампус», Манчестер – 12 июля 2017 года

Пеп Гвардиола: Рондо

6. Рондо 7х2 в квадрате

Описание

- Игроки работают группами по 9 человек на участке поля на 10х10 метров.

- У атакующей команды есть по 2 игрока на 3 сторонах и 1 игрок на 4-й стороне. Они расположены снаружи, но все равно должны играть в пределах площадки.

- 7 внешних игроков стремятся сохранить мяч, пытаясь использовать 1 касание.

- Два внутренних игрока (желтые) работают вместе, пытаясь закрыть углы передач и выиграть мяч.

- Игрок, который теряет мяч, меняется ролями с игроком, который выиграл мяч.

Источник: занятие Пепа Гвардиолы с командой «Манчестер Сити» на тренировочном поле «Этихад Кампус», Манчестер – предсезонка 2016 года

Позиционные игры и игры на удержание мяча

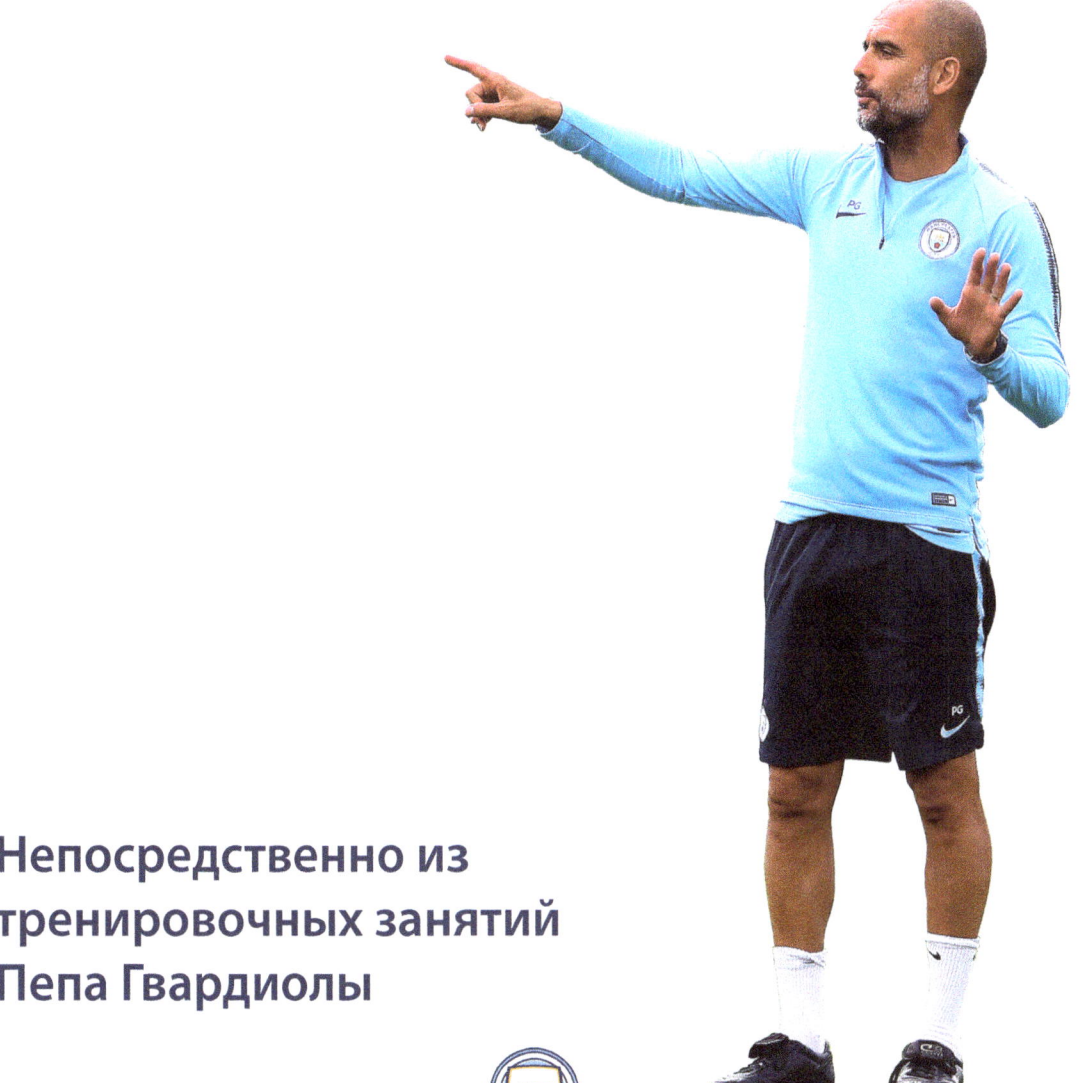

Непосредственно из тренировочных занятий Пепа Гвардиолы

«Главное, что я хочу, это взять мяч, попытаться играть как можно более агрессивно и доминировать в игре через мяч. Я вырос на этом; я был игроком с этой идеей, и я тренер с этой идеей».

Пеп Гвардиола: Позиционные игры и игры на удержание мяча

ПОЗИЦИОННЫЕ ИГРЫ ПЕПА ГВАРДИОЛЫ

- Используйте пространство, владея мячом, уменьшайте пространство, играя без мяча

- Варианты передач определяются положением мяча, а игроки смещаются в зависимости от положения мяча.

- Сохраняйте правильные расстояния между собой в зависимости от расположения игроков и шаблонов игры

- Контролируемое владение мячом

- Игроки расположены в определенных зонах

- Заставьте двигаться соперника в обороне

- Создавать зазоры и линии передач (треугольники)

- Расположите своих игроков между линиями

- Разрушать линии соперника проникающими передачами вперёд

- Пасуйте на ход партнёру в свободное пространство, чтобы продвинуться вперёд, или партнёру, у которого достаточно времени и места, чтобы принять мяч, а затем выполнить передачу

- Ключевой момент, занять правильные позиции в определенной структуре (организация команды)

- Быстрое возвращение мяча после его потери, этот ключевой компонент рождается из «позиционных игр»

Источник: Лука Бертолини, тренерская лицензия УЕФА «B» и автор многих книг о тренировках в футболе – www.lucamistercalcio.com

Пеп Гвардиола: Позиционные игры и игры на удержание мяча

1. Владение мячом и переходы в высокоинтенсивной "позиционной игре" 3х3(+2)

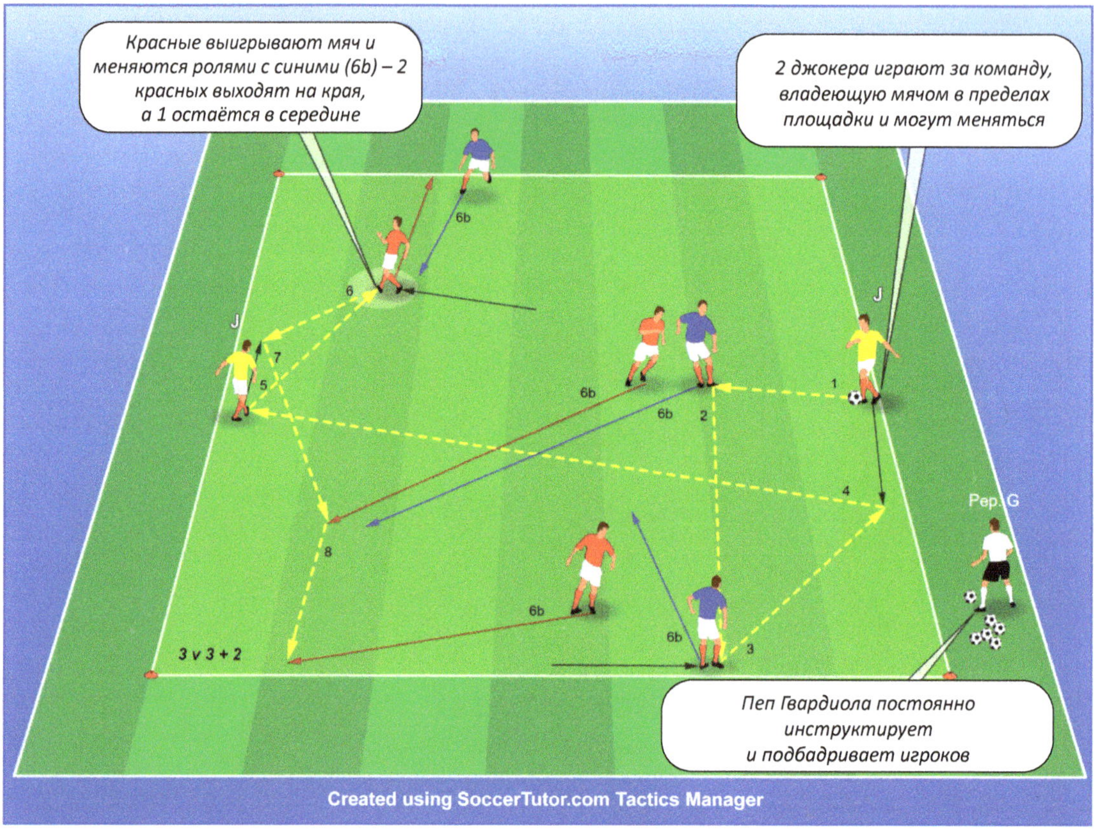

Красные выигрывают мяч и меняются ролями с синими (6b) – 2 красных выходят на края, а 1 остаётся в середине

2 джокера играют за команду, владеющую мячом в пределах площадки и могут меняться

Пеп Гвардиола постоянно инструктирует и подбадривает игроков

Описание

- В зоне 12х12 метров находятся 2 команды по 3 игрока (синие и красные) + 2 желтых джокера, которые играют за команду, которая владеет мячом.

- С двух сторон по 1 синему игроку + 1 внутри, и все 3 красных игрока начинаются внутри зоны. Также с двух других сторон по 1 желтому джокеру.

- Упражнение начинает тренер (или джокер), и синяя команда пытается сохранить владение мячом с помощью двух желтых джокеров (5х3).

- Красная команда работает вместе (прессингуя), чтобы закрыть линии передач и попытаться выиграть мяч. Если красные смогут выиграть мяч, команды меняются ролями.

- Все синие двигаются внутрь и работают вместе, чтобы попытаться немедленно вернуть мяч (контр-прессинг).

- Красные перемещаются на края и пытаются сохранить владение мячом с помощью 2 желтых джокеров.

Источник: занятие Пепа Гвардиолы с командой «Бавария» Мюнхен на тренировочном поле Зэбенерштрассе, Мюнхен

- Пеп Гвардиола: Позиционные игры и игры на удержание мяча

2. Владение мячом и переходы в высокоинтенсивной "позиционной игре" 4x4(+2)

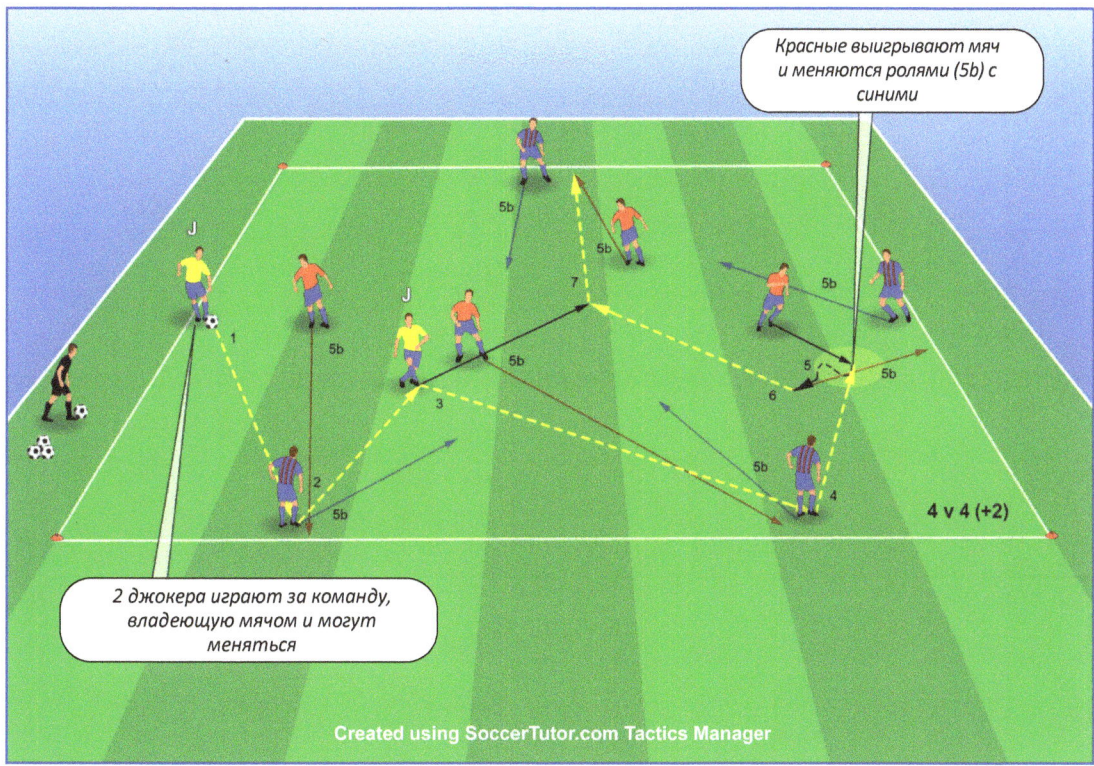

Игроки выполняют 2 серии по 12 минут, с 2-3 минутами отдыха между ними. Это игра на высокой скорости с целью достижения частоты сердечных сокращений 120 ударов в минуту.

Описание

- На участке поля 15x20 метров 2 команды по 4 игрока (синие и красные) + 2 желтых джокера играют за команду владеющую мячом.
- Игроки используют максимум 2 касания.
- Все 4 синих игрока расположены на краях, а все красные игроки начинают внутри зоны. Есть 1 желтый джокер на одной стороне и 1 джокер внутри.

- Синяя команда пытается сохранить владение мячом с помощью 2 желтых джокеров.
- Красная команда работает вместе (прессингуя), чтобы закрыть линии передач и попытаться выиграть мяч. Если красные смогут выиграть мяч, команды меняются ролями.
- Все синие двигаются внутрь и работают вместе, чтобы попытаться немедленно отыграть мяч (контр-прессинг).
- Красные перемещаются на края и пытаются сохранить владение мячом с помощью 2 желтых джокеров.

Источник: тренировочное занятие Пепа Гвардиолы с командой «Барселона Б» (2007-2008)

Пеп Гвардиола: Позиционные игры и игры на удержание мяча

3. Владение мячом в "позиционной игре" 5(+2)x3

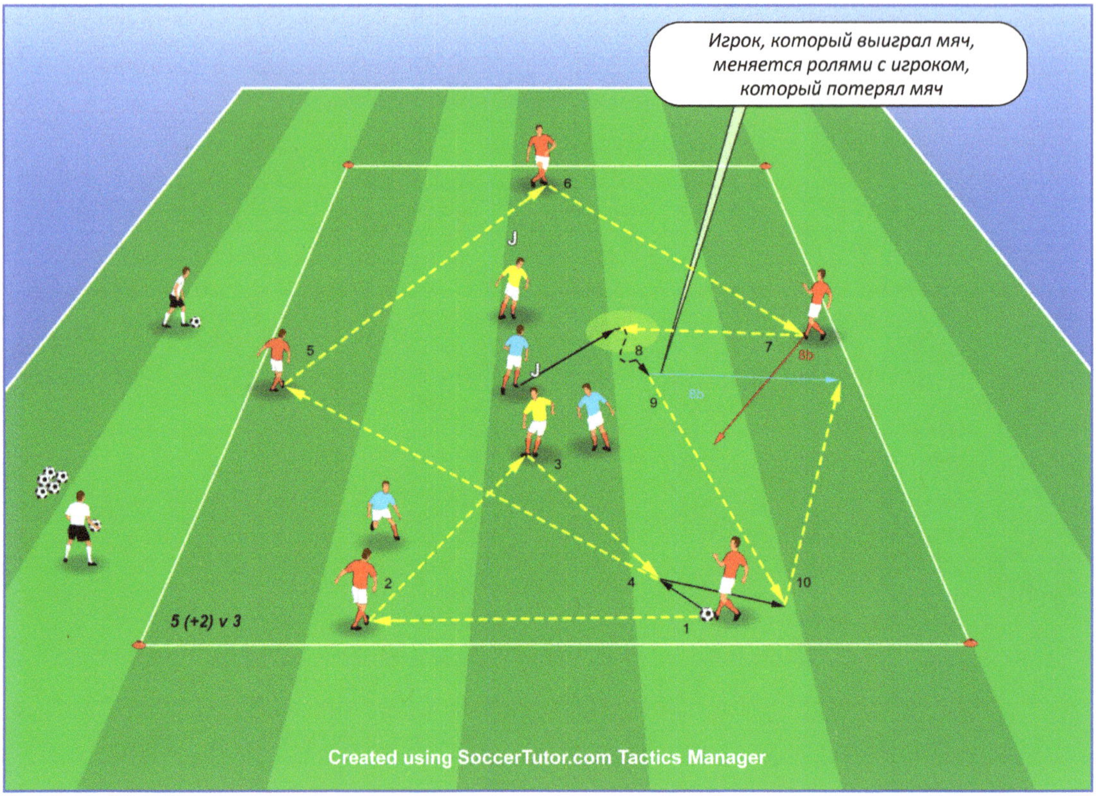

Игрок, который выиграл мяч, меняется ролями с игроком, который потерял мяч

5 (+2) v 3

Описание

- На участке поля 10x15 метров 5 красных игроков, 3 синих игрока и 2 желтых джокера, которые играют за команду владеющую мячом.

- Все 5 красных игроков расположены на краях, с 2 игроками на одной из коротких сторон.

- Все 3 синих игрока начинаются внутри зоны. Есть также 2 желтых джокера, расположенных внутри.

- Красная команда пытается сохранить владение мячом с помощью 2 желтых джокеров.

- Синяя команда работает вместе (прессингуя), чтобы закрыть линии передач и попытаться выиграть мяч.

- Если синие смогут выиграть мяч, игрок, выигравший мяч, меняется ролями с игроком, который его потерял, и игра продолжается.

Источник: занятие Пепа Гвардиолы с командой «Бавария» Мюнхен на тренировочном поле Зэбенерштрассе, Мюнхен

4. Владение мячом в "позиционной игре" 6(+2)x3

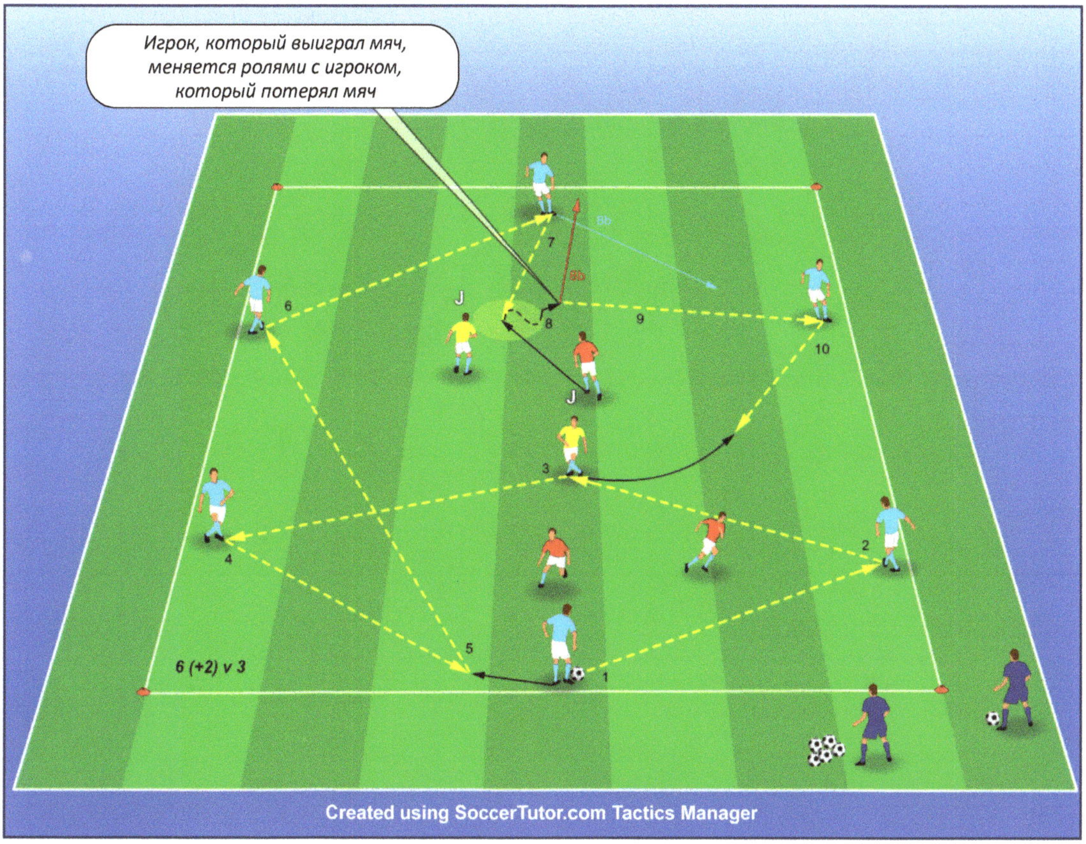

Описание

- На участке поля 15x15 метров находятся 6 синих игроков, 3 красных игрока и 2 желтых джокера, которые играют за команду владеющую мячом.

- Все 6 синих игроков расположены на краях, по 2 игрока на каждой из длинных сторон.

- Все 3 красных игрока начинаются внутри зоны. Есть также 2 желтых джокера, расположенных внутри.

- Красная команда пытается сохранить владение мячом с помощью 2 желтых джокеров.

- Синяя команда работает вместе (прессингуя), чтобы закрыть линии передач и попытаться выиграть мяч.

- Если синие смогли выиграть мяч, игрок, выигравший мяч, меняется ролями с игроком, который его потерял, и игра продолжается.

Источник: занятие Пепа Гвардиолы с командой «Манчестер Сити» на тренировочном поле «Этихад Кампус», Манчестер – предсезонка 2016 года

Пеп Гвардиола: Позиционные игры и игры на удержание мяча

5. Владение мячом и переходы в "позиционной игре" 4х4(+3)

Пеп Гвардиола постоянно инструктирует и подбадривает игроков

Красные выигрывают мяч и меняются ролями с синими (5b)

3 джокера поддерживают команду владеющую мячом (2 на коротких сторонах и 1 в центре) в пределах площадки и могут меняться

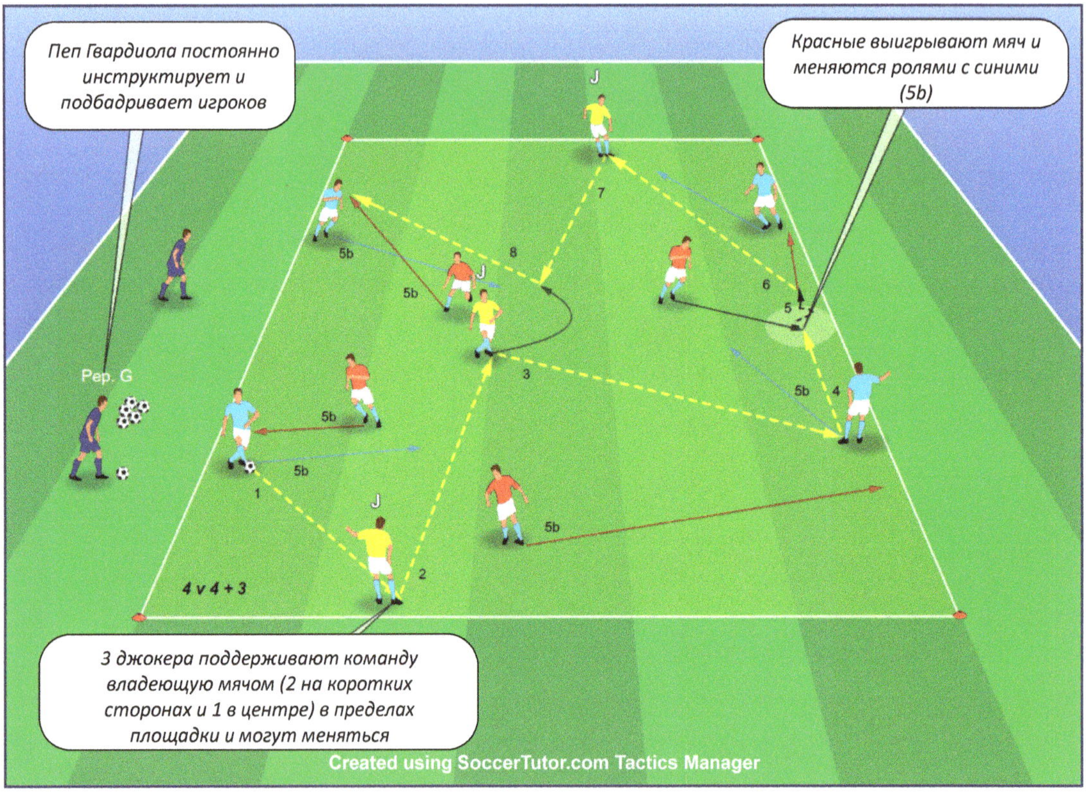

Описание

- На участке поля размером 10х15 метров у нас есть 2 команды по 4 игрока (синие и красные) + 3 желтых джокера, которые играют за команду владеющую мячом.

- Все 4 синих игрока расположены на длинных сторонах (по 2 с каждой стороны), и все красные игроки начинают внутри зоны. На двух коротких сторонах по 1 желтому джокеру и 1 джокер внутри.

- Упражнение начинает тренер, и синяя команда пытается сохранить владение мячом с помощью 3 желтых джокеров.

- Красная команда работает вместе (прессингуя), чтобы закрыть линии передач и попытаться выиграть мяч.

- Если красные смогли выиграть мяч, команды меняются ролями.

- Все синие двигаются внутрь и работают вместе, чтобы попытаться немедленно вернуть мяч (контр-прессинг).

- Красные перемещаются на края и пытаются сохранить владение мячом с помощью 3 джокеров.

Источник: занятие Пепа Гвардиолы с командой «Манчестер Сити» на тренировочном поле «Этихад Кампус», Манчестер

Пеп Гвардиола: Позиционные игры и игры на удержание мяча

6. Владение мячом и переходы в "позиционной игре" 5х5(+3)

Красные выигрывают мяч и 4 красных игрока меняются ролями с синими

1 игрок из каждой команды постоянно остаётся в середине

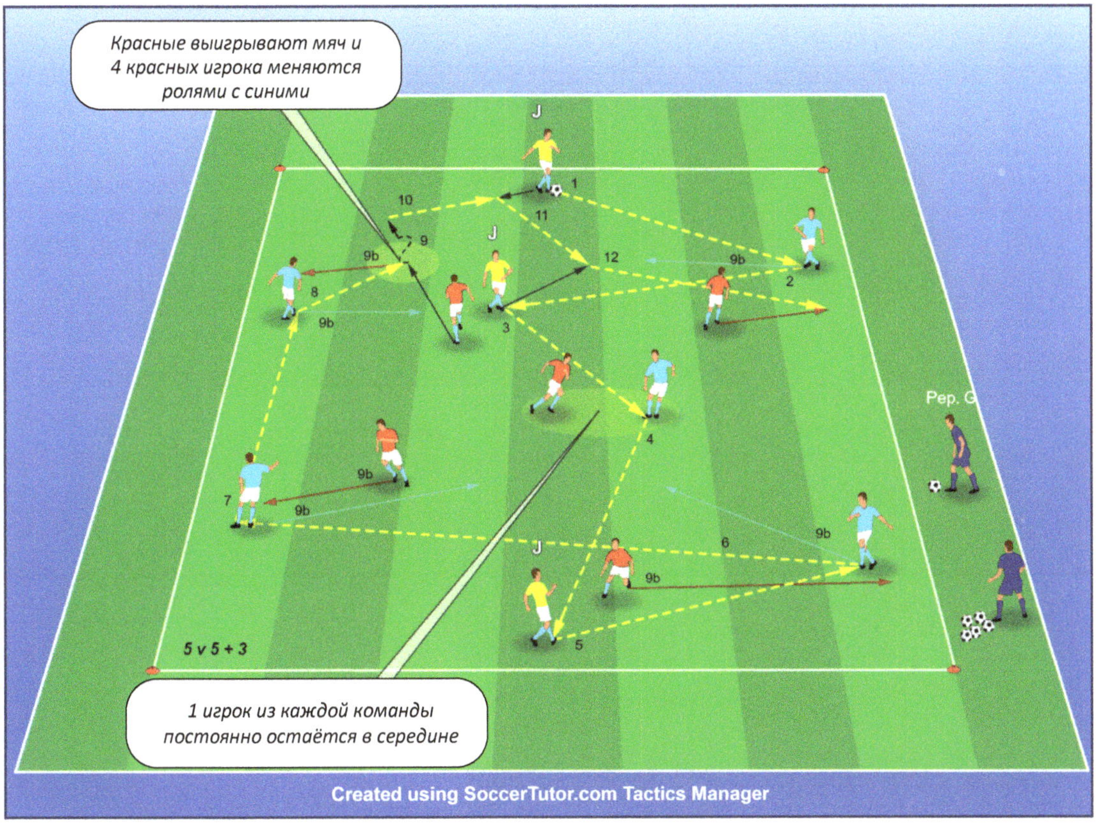

NB: 1 игрок в каждой команде остается в середине все время.

Описание

- На участке поля 20х20 метров у нас есть 2 команды по 5 игроков (синие и красные) + 3 желтых джокера, которые играют за команду владеющую мячом.
- По 2 синих игрока располагаются на флангах и 1 синий игрок внутри. Все 5 красных игроков начинают внутри. На коротких сторонах по 1 желтому джокеру и 1 джокер играет внутри.
- Синяя команда пытается сохранить владение мячом с помощью 3 желтых джокеров.
- Красная команда работает вместе (прессингует), чтобы закрыть линии передач и попытаться выиграть мяч. Если красные смогут выиграть мяч, 4 красных игрока меняются ролями с 4 внешними синими игроками.
- 4 внешних синих игрока двигаются внутрь и работают вместе, чтобы попытаться вернуть мяч. 4 красных игрока выходят на края и пытаются сохранить владение мячом с помощью своего партнёра по команде внутри и 3 джокеров.

Источник: занятие Пепа Гвардиолы с командой «Манчестер Сити» на тренировочном поле «Этихад Кампус», Манчестер

Пеп Гвардиола: Позиционные игры и игры на удержание мяча

7. Владение мячом и переходы в "позиционной игре" 6х6(+4)

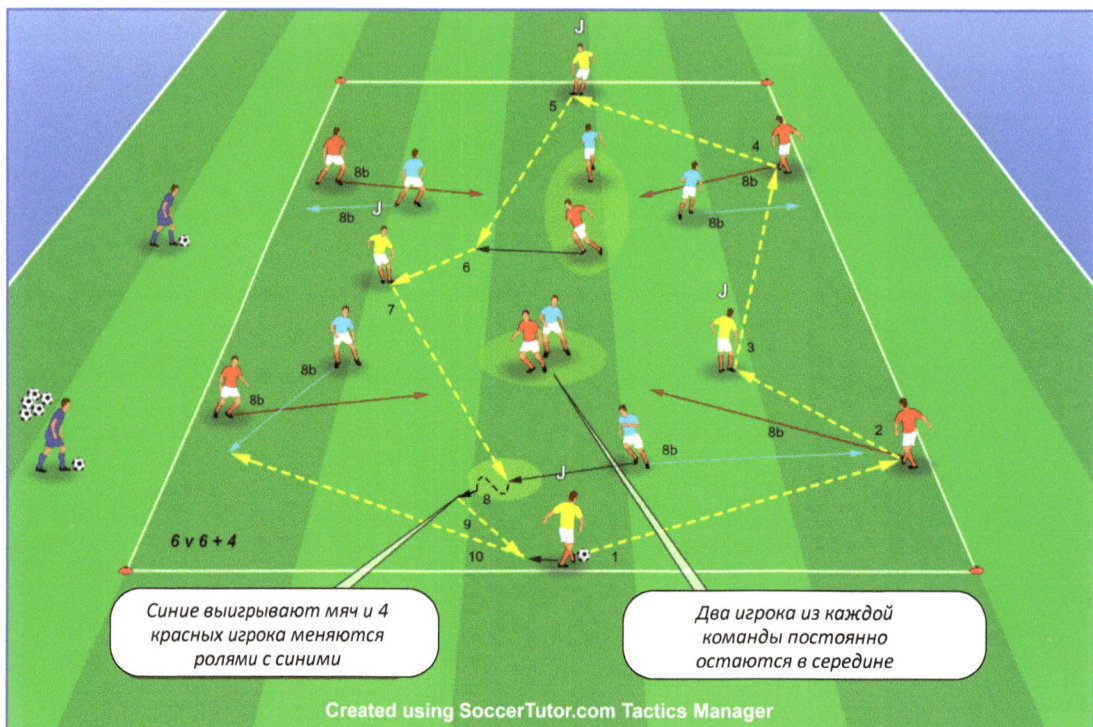

Синие выигрывают мяч и 4 красных игрока меняются ролями с синими

Два игрока из каждой команды постоянно остаются в середине

Примечание: по 2 игрока из каждой команды постоянно остаются в середине.

Описание

- На участке поля 20х30 метров у нас есть 2 команды по 6 игроков (красные и синие) + 4 желтых джокера, которые играют за команду владеющую мячом.
- На длинных сторонах расположены 4 красных игрока (по 2 с каждой стороны) и 2 игрока находятся внутри. Все 6 синих игроков начинают внутри зоны. По 1 желтому джокеру на коротких сторонах и 2 джокера внутри.
- Упражнение начинает тренер, и красная команда пытается удержать мяч с помощью 4 желтых джокеров.
- Синяя команда работает вместе (прессингуя), чтобы закрыть линии передач и попытаться выиграть мяч.
- Если синие выигрывают мяч, 4 синих игрока меняются ролями с 4 внешними красными игроками.
- Все 4 внешних красных игрока двигаются внутрь и работают вместе, чтобы попытаться немедленно вернуть мяч назад (контр-прессинг).
- 4 синих игрока выходят на края и пытаются сохранить владение мячом с помощью своих 2 партнёров по команде внутри и 4 джокеров.

Источник: занятие Пепа Гвардиолы с командой «Бавария» Мюнхен на тренировочном поле Зэбенерштрассе, Мюнхен

Пеп Гвардиола: Позиционные игры и игры на удержание мяча

8. Владение мячом и переходы в "позиционной игре" 8х8(+3)

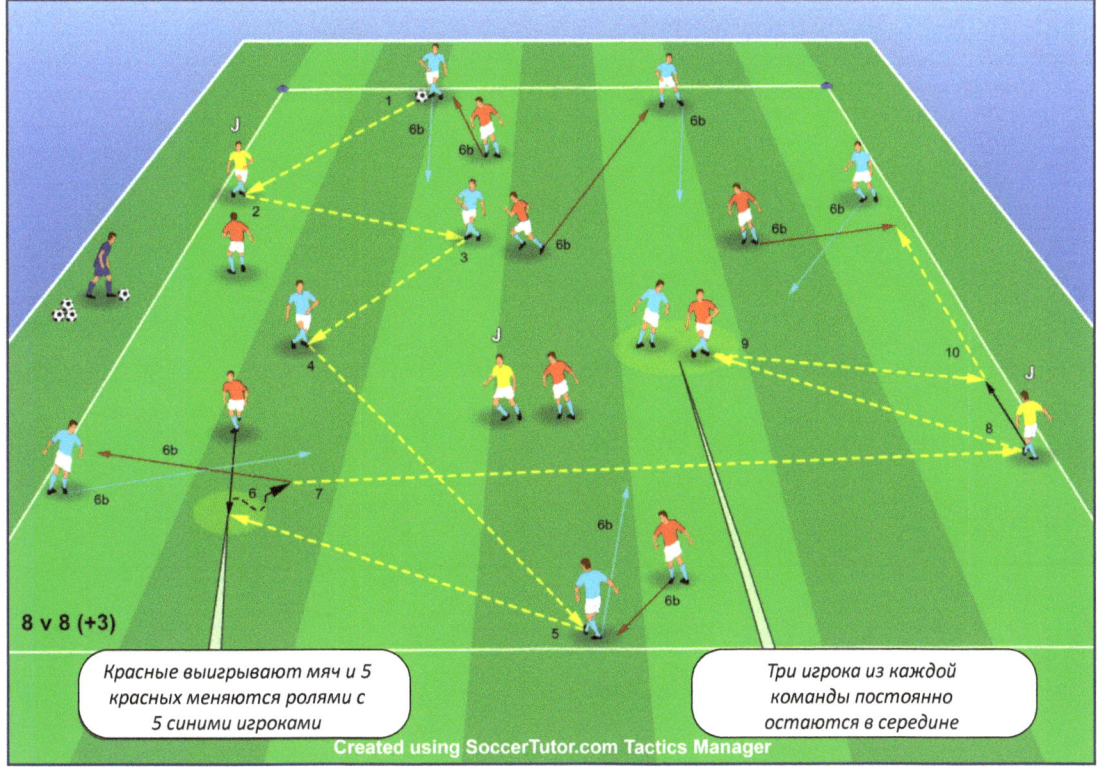

Красные выигрывают мяч и 5 красных меняются ролями с 5 синими игроками

Три игрока из каждой команды постоянно остаются в середине

Примечание: 3 игрока в каждой команде остаются в середине.

Описание

- На участке поля 30х40 метров у нас есть 2 команды по 8 игроков (синие и красные) + 3 желтых джокера, которые играют за команду владеющую мячом.
- 5 синих игроков расположены на краях (2 на одном краю), а 3 синих игрока играют внутри зоны. По 1 желтому джокеру с двух сторон и по 1 джокеру внутри. Все 8 красных игроков начинают внутри.
- Синяя команда пытается сохранить владение мячом с помощью 3 желтых джокеров.

- Красная команда работает вместе (прессингуя), чтобы закрыть линии передач и попытаться выиграть мяч.
- Если красные выигрывают мяч, 5 красных игроков меняются ролями с 5 внешними синими игроками.
- Все 5 внешних синих игроков двигаются внутрь и работают вместе, чтобы попытаться немедленно вернуть мяч назад (контр-прессинг).
- 5 красных игроков выходят на края и пытаются сохранить владение мячом с помощью своих 3 товарищей по команде внутри и 3 джокеров.

Источник: занятие Пепа Гвардиолы с командой «Манчестер Сити» на тренировочном поле «Этихад Кампус», Манчестер – 14 июля 2016 года

Пеп Гвардиола: Позиционные игры и игры на удержание мяча

9. Три команды в игре с быстрыми переходами

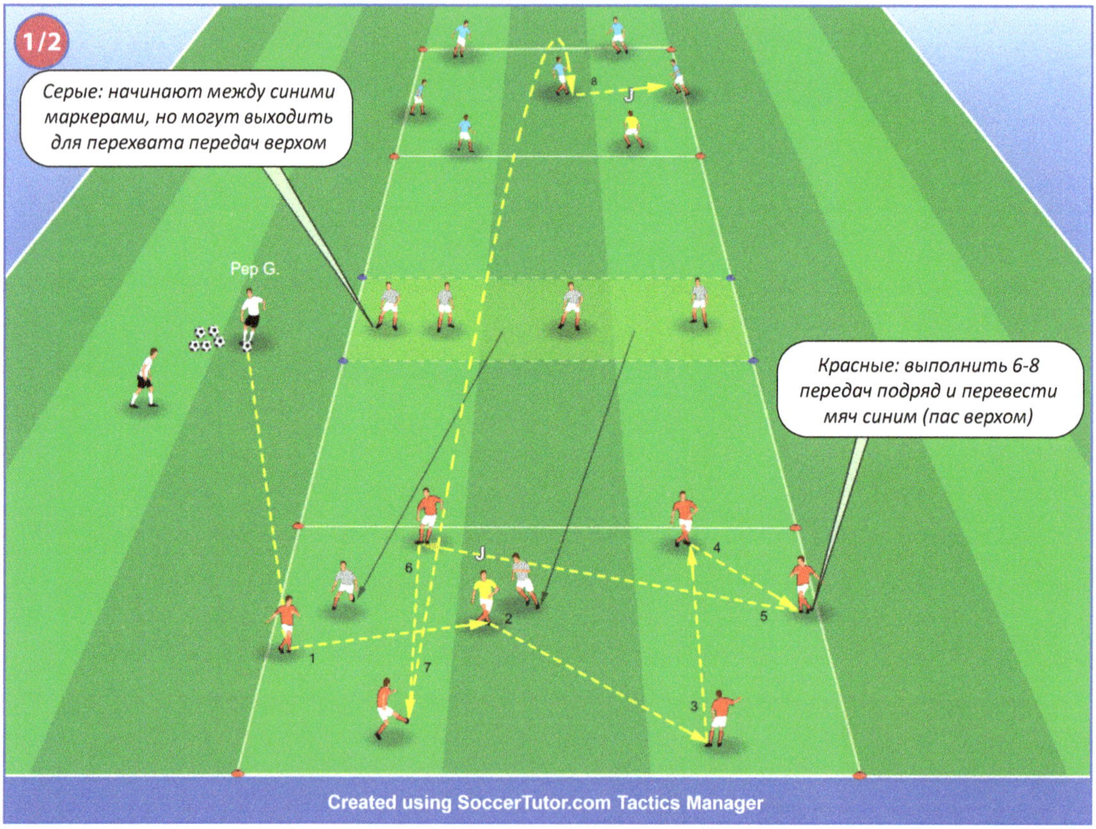

Серые: начинают между синими маркерами, но могут выходить для перехвата передач верхом

Красные: выполнить 6-8 передач подряд и перевести мяч синим (пас верхом)

На участке поля 15х45 метров 2 крайние зоны размером 15х10 метров, а средняя зона размером 15х25 метров.

Описание 1/2

1. Упражнение начинается с паса тренера (Pep G.) красной команде. 2 серых игрока двигаются в крайнюю зону из середины, что создает там ситуацию 6(+1)х2.

2. Красная команда стремится выполнить 6-8 передач подряд, а затем перевести мяч синим длинной передачей верхом. 2 серых игрока пытаются выиграть мяч. Если они это сделают, то меняются ролями с красными.

3. Серые игроки в середине могут выйти из своей зоны, чтобы перехватить пас верхом. Если это получается, они меняются ролями с красными.

4. В этом примере синий игрок успешно принимает мяч после паса верхом в противоположной крайней зоне.

Описание упражнения продолжается на следующей странице ...

Источник: тренировочное занятие Пепа Гвардиолы с командой «Бавария» Мюнхен в Дохе, Катар – 8 января 2016 года

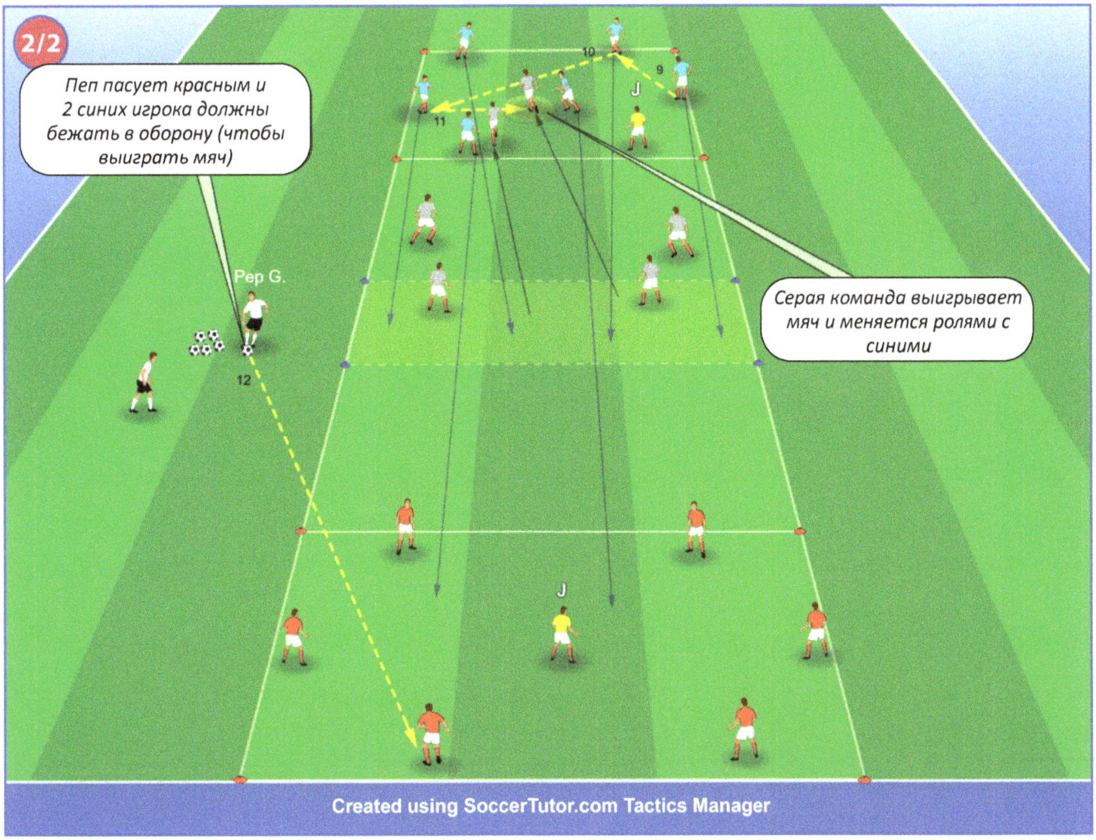

Пеп Гвардиола: Позиционные игры и игры на удержание мяча

[Диаграмма 2/2]

- Пеп пасует красным и 2 синих игрока должны бежать в оборону (чтобы выиграть мяч)
- Серая команда выигрывает мяч и меняется ролями с синими
- Pep G.

Описание 2/2

5. 2 новых серых игрока перемещаются в дальнюю зону. Это снова создает ситуацию 6(+1)х2.

6. Синяя команда стремится выполнить 6-8 передач подряд, а затем перевести мяч красным длинной передачей верхом.

7. Серая команда стремится выиграть мяч. Когда это происходит (как показано в примере на диаграмме), они меняются ролями с синим.

8. Тренер (Pep G.) передает новый мяч красной команде в противоположной крайней зоне.

9. 2 синих игрока должны бежать туда, чтобы стать защитниками в той же ситуации 6(+1) х2. Остальные 4 синих игрока двигаются в середину.

10. Остальные 4 серых игрока двигаются в дальнюю крайнюю зону, чтобы присоединиться к своим 2 партнёрам по команде и быть готовыми к длинной передаче от красных.

11. Упражнение продолжается с игроками, выполняющими непрерывные переходы высокой интенсивности.

Источник: тренировочное занятие Пепа Гвардиолы с командой «Бавария» Мюнхен в Дохе, Катар – 8 января 2016 года

Пеп Гвардиола: Позиционные игры и игры на удержание мяча

10. Владение мячом в игре 7х7(+3) с воротами из стоек

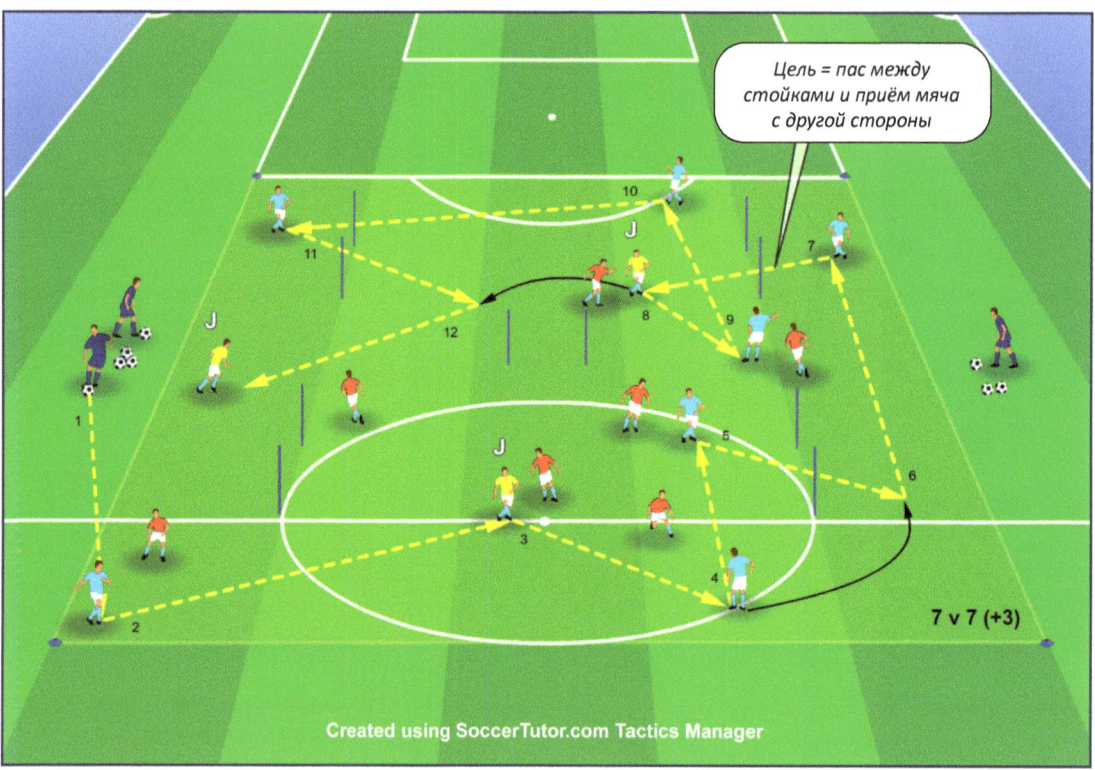

Цель = пас между стойками и приём мяча с другой стороны

Описание

1. Упражнение начинает тренер, который пасует синей команде.

2. В ситуации 7х7(+3) синие пытаются сохранить владение мячом с помощью двух джокеров.

3. Другая цель синей команды состоит в том, чтобы успешно выполнить передачу между стоек для партнера по команде, чтобы принять мяч столько раз, сколько возможно, как показано на диаграмме.

4. Если красные выигрывают мяч, они меняются ролями с синими.

5. После этого цель красных - сохранить владение мячом и успешно передавать мяч между стоек, чтобы партнер по команде мог принять мяч как можно чаще.

Источник: занятие Пепа Гвардиолы с командой «Манчестер Сити» на тренировочном поле «Этихад Кампус», Манчестер – 13 февраля 2019 года

Пеп Гвардиола: Позиционные игры и игры на удержание мяча

11. Владение мячом и переходы в игре с двумя зонами 8х8, где надо выиграть мяч и перевести его в другую зону

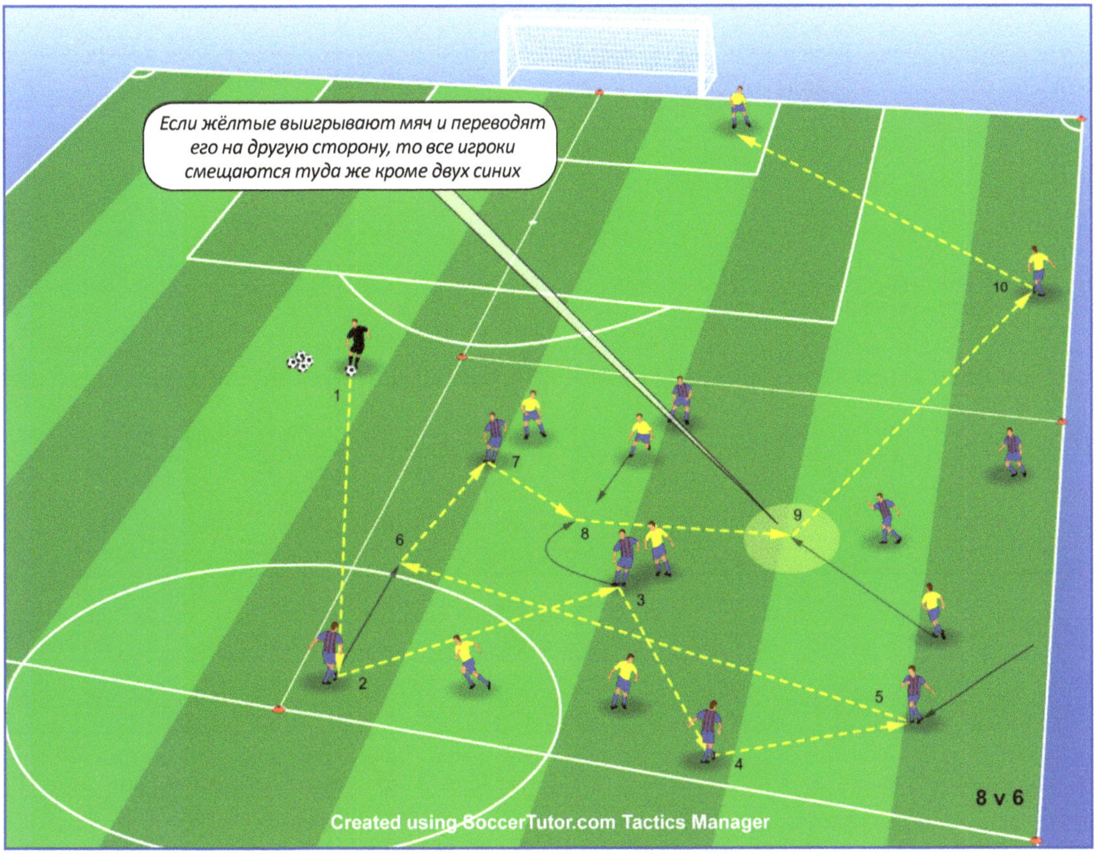

Если жёлтые выигрывают мяч и переводят его на другую сторону, то все игроки смещаются туда же кроме двух синих

8 v 6

Игроки выполняют 3 подхода по 12 минут с 3-минутным отдыхом между подходами..

Описание

1. Упражнение начинает тренер, который пасует синей команде.
2. В ситуации 8х6 синие стараются как можно дольше сохранить владение мячом.
3. 6 желтых игроков работают вместе (прессингуя), чтобы закрыть линии передач и попытаться выиграть мяч.
4. Если желтые выигрывают мяч, они быстро передают мяч одному из своих товарищей по команде на другой половине. Синие пытаются вернуть мяч сразу же после потери.
5. Если пас успешно получен на другой половине, все игроки, кроме 2 синих, переходят туда.
6. Теперь у нас такая же ситуация 8х6, когда желтая команда пытается сохранить владение мячом как можно дольше, прежде чем синие смогут отнять мяч и перевести его на своих 2 партнёров по команде на другой половине.

Источник: тренировочное занятие Пепа Гвардиолы с командой «Барселона Б» (2007-2008)

Пеп Гвардиола: Позиционные игры и игры на удержание мяча

12. Владение мячом в игре 9х9 (+2 внутри)

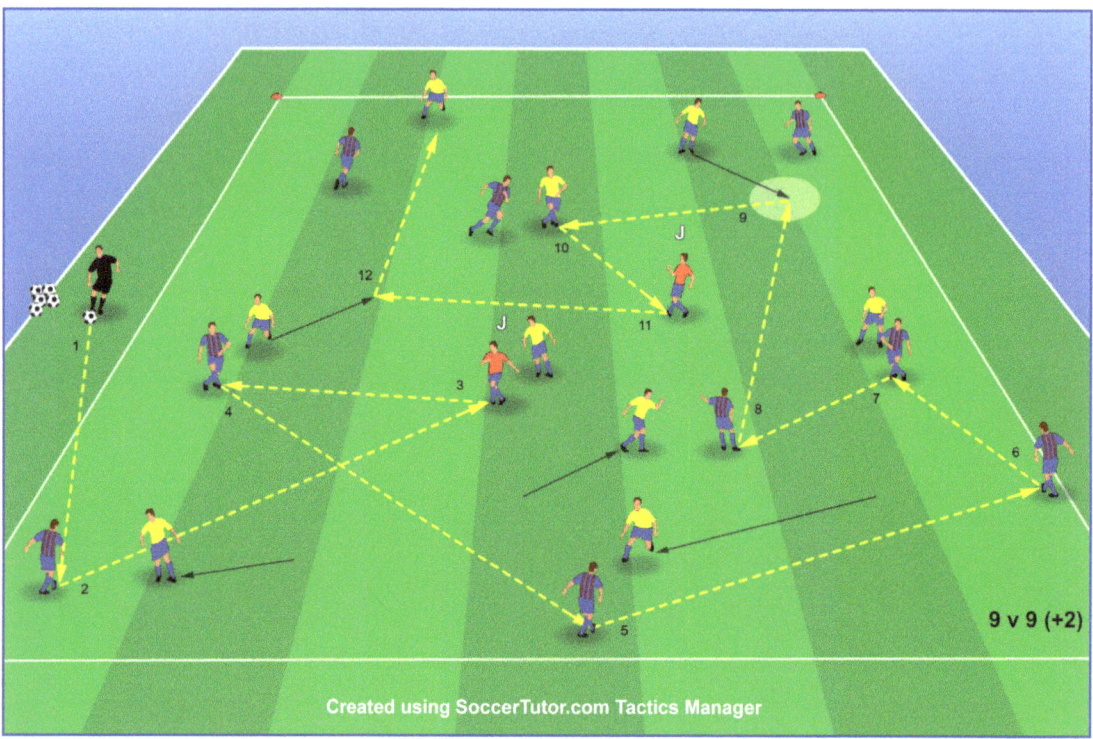

Описание

1. На участке поля 30х40 метров упражнение начинает тренер, который пасует синей команде.

2. В ситуации 9х9 (+2) синие пытаются сохранить владение мячом с помощью 2 внутренних красных джокеров.

3. Желтая команда работает вместе (прессингуя), чтобы закрыть линии передач и попытаться выиграть мяч.

4. Если желтые выигрывают мяч, они меняются ролями с синими.

5. Затем желтые будут пытаться сохранить владение мячом с помощью двух красных внутренних джокеров в такой же ситуации 9х9(+2).

6. Команда, которая теряет мяч, выполняет быстрый переход и пытается вернуть мяч как можно быстрее.

Источник: тренировочное занятие Пепа Гвардиолы с командой «Барселона Б» (2007-2008)

13. Владение мячом в игре 9x9 (+2 снаружи)

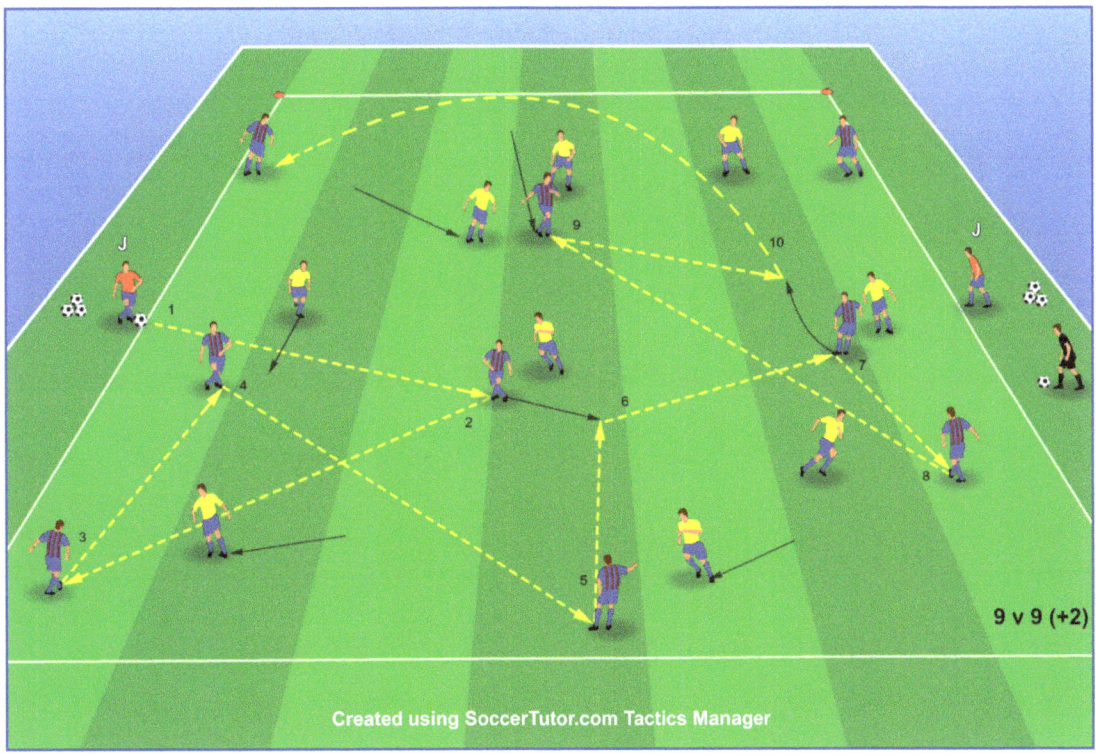

Описание

1. На участке поля 30x40 метров упражнение начинает тренер, который пасует синей команде.

2. В ситуации 9x9 (+2) синие пытаются сохранить владение мячом с помощью двух внешних красных джокеров.

3. Желтая команда работает вместе (прессингуя), чтобы закрыть линии передач и попытаться выиграть мяч.

4. Если желтые выигрывают мяч, они меняются ролями с синими.

5. Затем желтые будут пытаться сохранить владение мячом с помощью двух красных внешних джокеров в такой же ситуации 9x9 (+2).

6. Команда, которая теряет мяч, выполняет быстрый переход в оборону и пытается вернуть мяч как можно быстрее.

Источник: тренировочное занятие Пепа Гвардиолы с командой «Барселона Б» (2007-2008)

Шаблоны позиционных атак

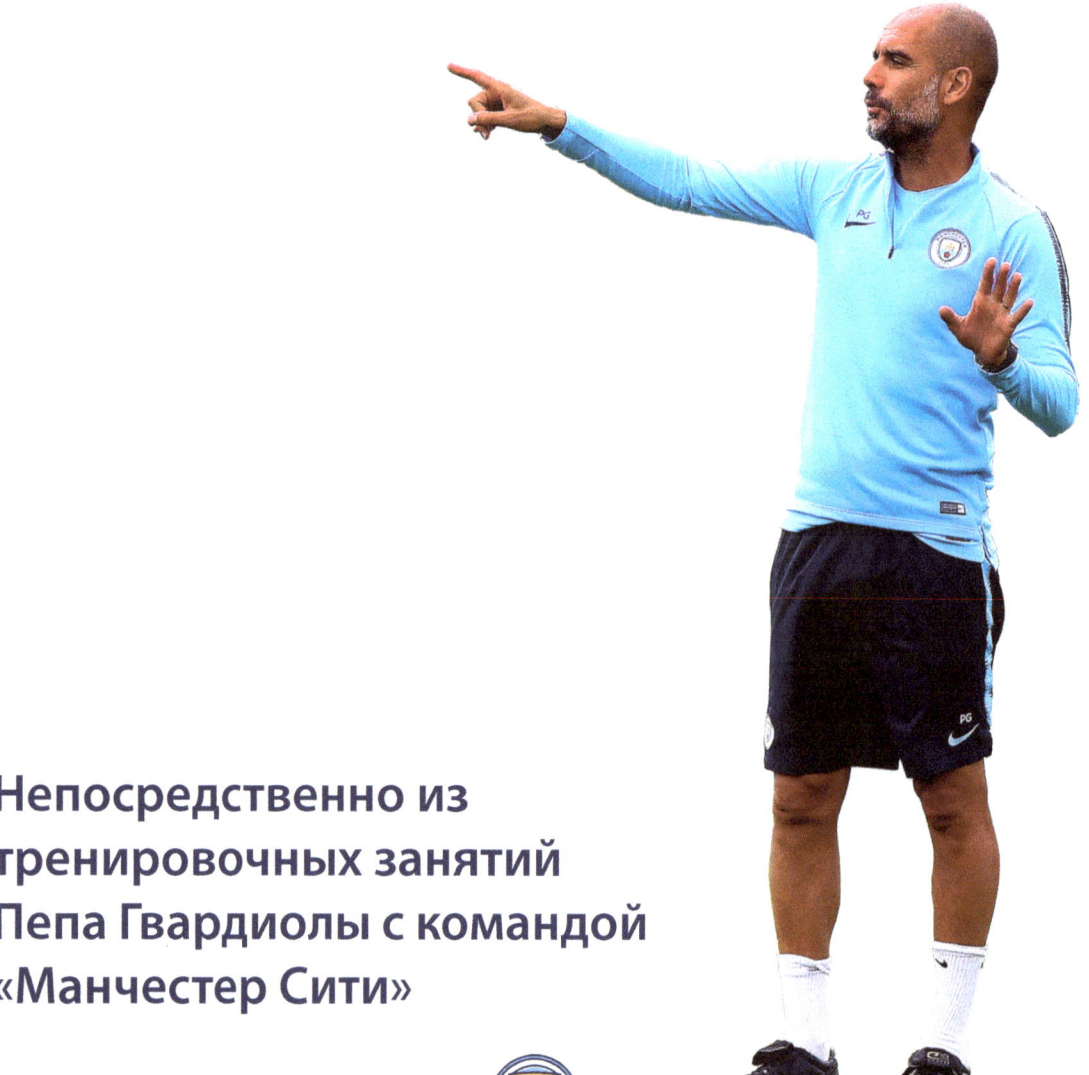

Непосредственно из тренировочных занятий Пепа Гвардиолы с командой «Манчестер Сити»

«Больше всего я люблю тех, кто утверждал, что мы не сможем так играть в Германии или в Премьер-лиге, с Сильвой, Бернардо, Агуэро, все они ростом 5 футов. Но мы сделали это. Забили несколько голов и доминировали в матче через позиционную игру».

Источник: интервью Пепа Гвардиолы для Энтони Бассаса из Daily ARA – опубликовано 5 июля 2019 года

Пеп Гвардиола: Шаблоны позиционных атак

АТАКУЮЩАЯ ФИЛОСОФИЯ ПЕПА ГВАРДИОЛЫ: КЛЮЧЕВЫЕ АСПЕКТЫ

- Никогда не теряйте свои позиции в поисках мяча
- Используйте комбинационную игру в пас, чтобы соперник потерял свои позиции.
- Вингеры высоко и широко на краю поля, ожидают, чтобы нанести решающий удар, когда соперник дезорганизован 
- Доминировать в игре высоко на поле
- Владение мячом это просто инструмент
- Создание ситуаций 1 на 1 в ключевых зонах
- Структурированное расположение игроков - постепенно сдвигаемся по полю вверх все вместе
- Правильное положение тела, при приёме мяча
- Короткие точные передачи
- Используйте «пас на третьего», при построении игры между линиями соперника (создать свободного игрока в треугольнике передач)
- 2 на 4 в атаке, дополнительный игрок в полузащите, дополнительный игрок в защите, с высокой линией обороны
- Играть «интенсивно» и с общей концентрацией на протяжении каждой игры

Источник: Марти Перарно, Пеп Гвардиола: Эволюция. Бирлинн, Киндл Эдишион, 2016

Пеп Гвардиола: Шаблоны позиционных атак

МАНЧЕСТЕР СИТИ В ПОСТРОЕНИИ 4-3-3

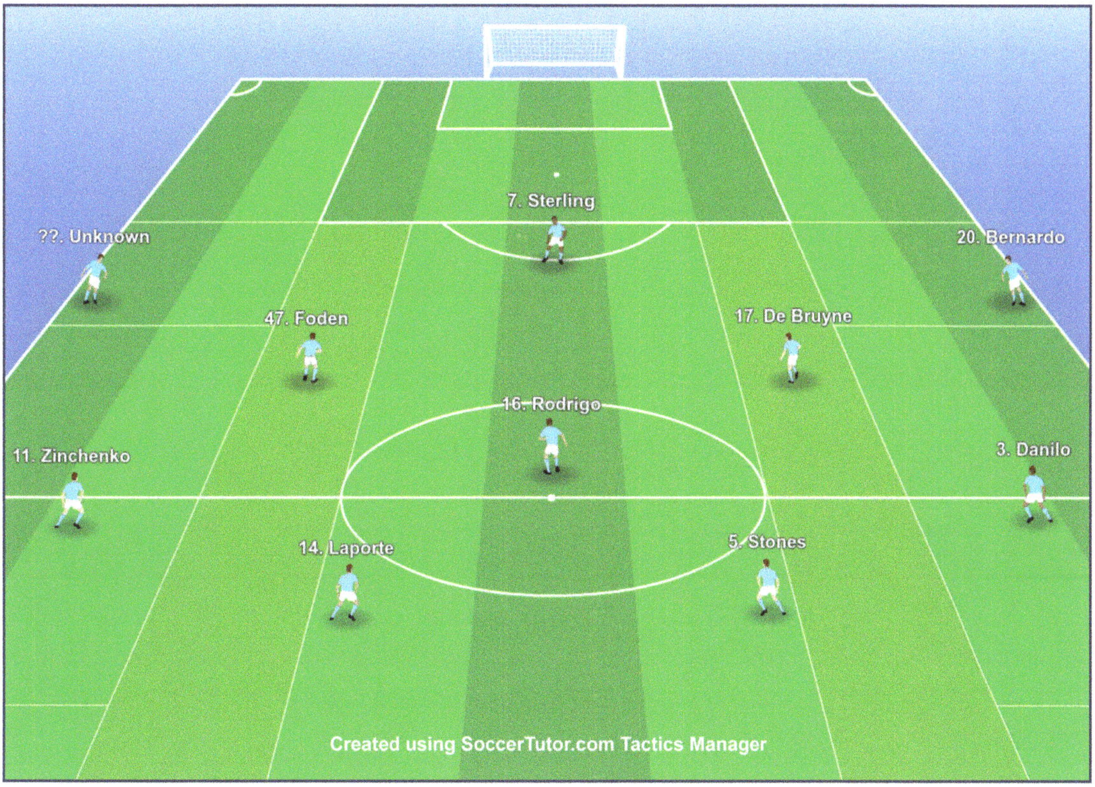

- **14. Лапорт:** левый центральный защитник
- **5. Стоунз:** правый центральный защитник
- **11. Зинченко:** левый защитник
- **3. Данило:** правый защитник
- **16. Родриго:** опорный полузащитник
- **47. Фоден:** левый атакующий полузащитник
- **17. Де Брюйне:** правый атакующий полузащитник
- **???Неизвестный игрок:** левый вингер
- **7. Стерлинг:** форвард
- **20. Бернардо:** правый вингер

Источник: занятие Пепа Гвардиолы с командой «Манчестер Сити» на Интернациональном Стадионе Иокагамы, Япония - 26 июля 2019 года

Пеп Гвардиола: Шаблоны позиционных атак

АТАКУЮЩЕЕ ПОСТРОЕНИЕ 2-3-2-3 МАНЧЕСТЕР СИТИ (СХЕМА 4-3-3)

- Во время фазы атаки команда «Манчестер Сити» Пепа Гвардиолы меняет свою схему на атакующее построение 2-3-2-3, что создает 4 линии для перемещения мяча.

- Это позволяет крайним защитникам стать «инвертированными крайними защитниками» и занимать позиции ближе к центру, чтобы принимать мяч в «полуфлангах» (выделенный коридор показан на диаграмме с игроками 11, 47, 3 и 17, расположенными внутри него).

- В этом построении 2-3-2-3 опорный полузащитник **Родриго (16)** может оставаться в центральной позиции без необходимости закрывать пространство справа или слева.

- 2 вингера располагаются широко, чтобы отвлечь защитников соперника, и оставить свободным пространство для своих партнеров по команде, для приёма мяча в центре и в "полуфлангах".

- Центральные защитники **Лапорт (14)** и **Стоунз (5)** будут выполнять передачи вперед на протяжении всей тренировки

Источник: занятие Пепа Гвардиолы с командой «Манчестер Сити» на Интернациональном Стадионе Йокагамы, Япония - 26 июля 2019 года

Пеп Гвардиола: Шаблоны позиционных атак

МЕТОДИКА ТРЕНИРОВКИ ПЕПА ГВАРДИОЛЫ

- На этой диаграмме показана методика Пепа Гвардиолы для тренировки шаблонов позиционных атак в 4-3-3 с инвертированными крайними защитниками.

- На обоих флангах тренеры с большим количеством мячей, готовые пасовать центральным защитникам, чтобы начать шаблон (построение атаки).

- Есть 6 манекенов и 5 пассивных красных защитников, чтобы обозначить соперника.

- В каждой позиции есть 2 игрока (1 синий и 1 желтый), которые формируют 2 команды из 10 полевых игроков для тренировки шаблонов.

- Две команды поочередно выполняют схемы, заданные Пепом Гвардиолой.

- Как только одна команда заканчивает атаку, она возвращается на свои позиции, а следующая команда начинает.

Источник: занятие Пепа Гвардиолы с командой «Манчестер Сити» на Интернациональном Стадионе Йокогамы, Япония - 26 июля 2019 года

Пеп Гвардиола: Шаблоны позиционных атак

1. Крайний защитник продвигается вперед, чтобы получить скидку атакующего полузащитника и вести мяч в финальную треть

Описание

1. Правый центральный защитник (5) пасует левому центральному защитнику (14).

2. Левый атакующий полузащитник (47) смещается внутрь, чтобы создать линию передачи, и получает мяч от левого центрального защитника (14).

3. Левый атакующий полузащитник (47) скидывает мяч назад для выдвигающегося левого защитника (11) в «полуфланг».

4. Левый защитник (11) ведет мяч вперед.

5. Левый защитник (11) пасует поперёк правому атакующему полузащитнику (17).

6. Атакующий полузащитник (17) выполняет проникающий пас форварду (7), который убегает по дуге от красного защитника. Левый вингер (??) и левый атакующий полузащитник (47) также бегут вперёд, чтобы получить мяч за спинами защитников соперника.

7. Форвард (7) получает пас.

8. Форвард (7) бьет по воротам.

Источник: занятие Пепа Гвардиолы с командой «Манчестер Сити» на Интернациональном Стадионе Йокагамы, Япония - 26 июля 2019 года

Пеп Гвардиола: Шаблоны позиционных атак

2. Скидка атакующего полузащитника опорному полузащитнику и проникающий пас нападающему

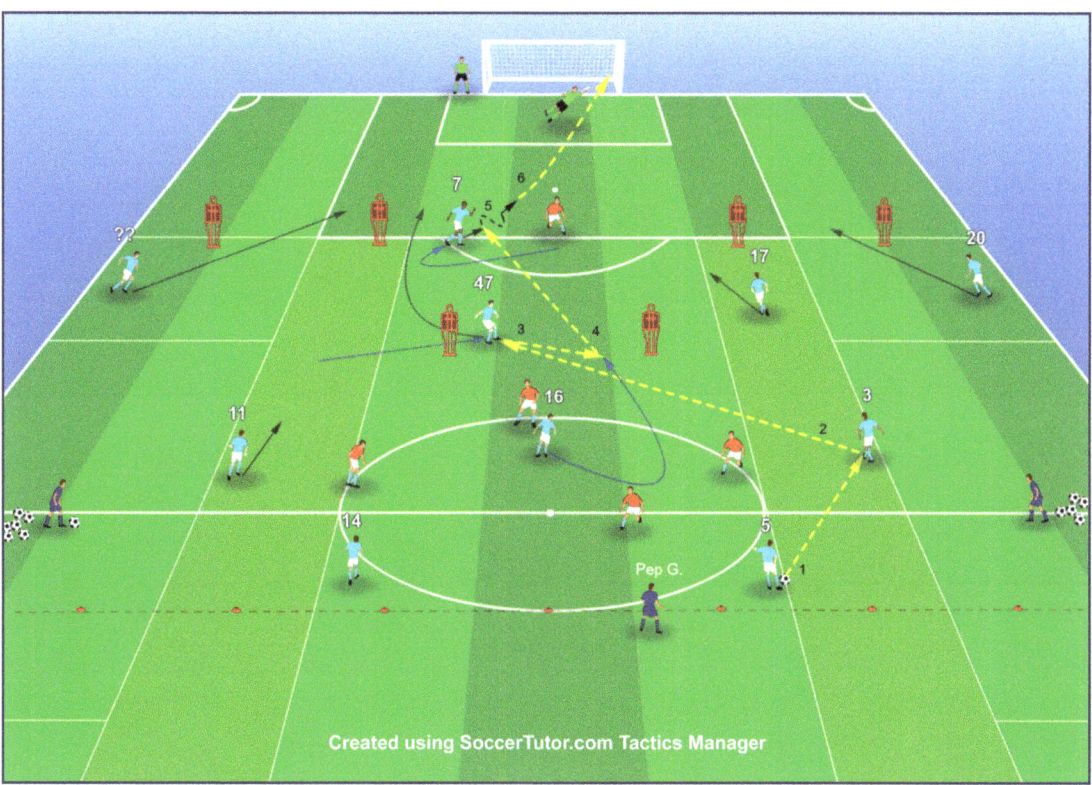

Описание

1. Правый центральный защитник (5) пасует правому защитнику (3) в "полуфланг".

2. Правый защитник (3) пасует левому атакующему полузащитнику (47), который сместился в центр поля.

3. Атакующий полузащитник (47) скидывает мяч назад опорному полузащитнику (16), который бежит вперёд по дуге.

4. Опорный полузащитник (16) выполняет проникающий пас нападающему (7); который убегает по дуге от красного защитника. Левый вингер (??) и левый атакующий полузащитник (47) также бегут вперёд, чтобы получить мяч за спинами защитников соперника.

5. Форвард (7) получает мяч.

6. Форвард (7) бьёт по воротам.

Источник: занятие Пепа Гвардиолы с командой «Манчестер Сити» на Интернациональном Стадионе Иокагамы, Япония - 26 июля 2019 года

Пеп Гвардиола: Шаблоны позиционных атак

3. Длинный пас центрального защитника нападающему + проникающий пас «на третьего» атакующему полузащитнику

Описание

1. Правый центральный защитник (5) пасует левому центральному защитнику (14). Левый атакующий полузащитник (47) перемещается назад и поперек, чтобы обеспечить возможность передачи.

2. Левый центральный защитник (14) делает длинный пас в ноги нападающему (7). Опорный полузащитник (16) двигается вперед.

3. Нападающий (7) выполняет своевременный пас «на третьего» правому атакующему полузащитнику (17), который по дуге бежит из глубины поля.

4. Атакующий полузащитник (17) получает мяч.

5. Атакующий полузащитник (17) бьет по воротам.

Источник: занятие Пепа Гвардиолы с командой «Манчестер Сити» на Интернациональном Стадионе Иокагамы, Япония - 26 июля 2019 года

Пеп Гвардиола: Шаблоны позиционных атак

4. Смена направления атаки и проникающий пас на ход крайнему защитнику выполняющему «забегание»

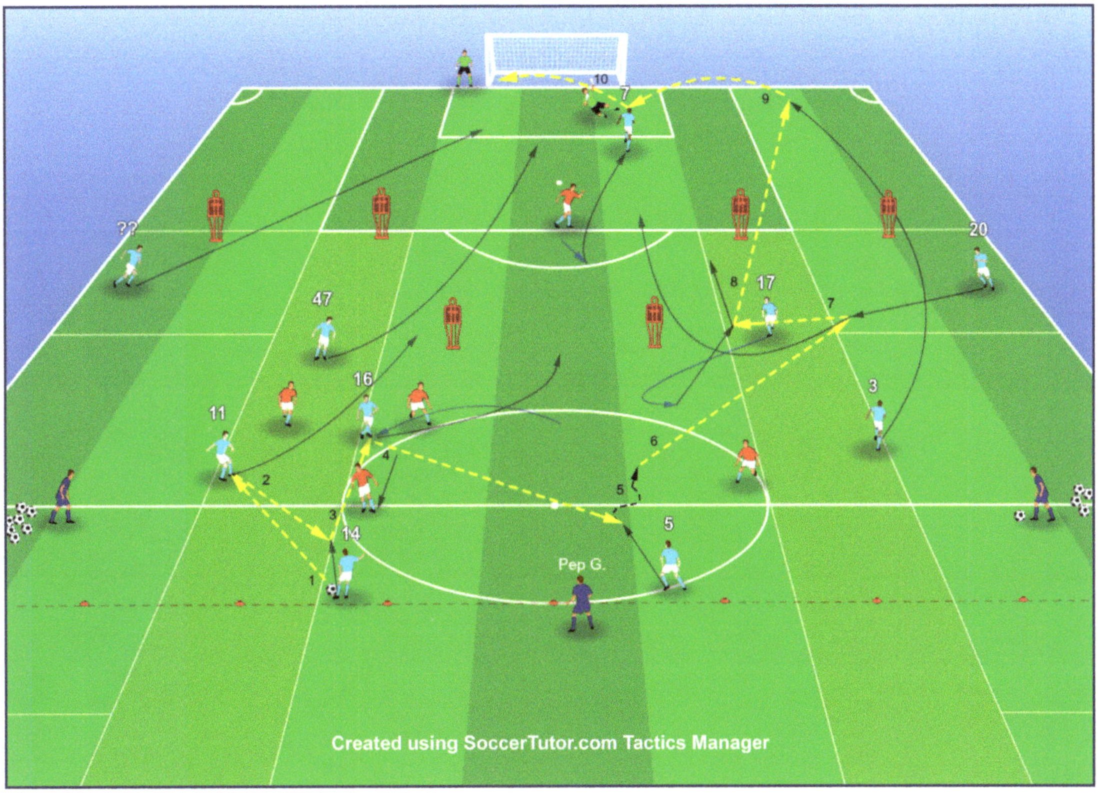

Описание

1. Левый центральный защитник (14) пасует левому защитнику в «полуфланг».
2. Левый защитник (11) возвращает мяч назад центральному защитнику (14).
3. Центральный защитник (14) пасует вперёд опорному полузащитнику (16), который сместился поперёк, чтобы обеспечить возможность передачи.
4. Опорный полузащитник (16) пасует другому центральному защитнику (5).
5. Правый центральный защитник (5) двигается вперёд.
6. Центральный защитник (5) пасует правому вингеру (20), который уходит с фланга для приема мяча.
7. Правый вингер (20) скидывает мяч на ход правому атакующему полузащитнику (17).
8. Атакующий полузащитник (17) выполняет проникающий пас на ход правому защитнику (3), который выполняет «забегание», чтобы получить мяч рядом с лицевой линией.
9. Правый защитник (3) подаёт и 4 игрока бегут в штрафную площадь.
10. Форвард (7) забивает головой.

Источник: занятие Пепа Гвардиолы с командой «Манчестер Сити» на Интернациональном Стадионе Йокагамы, Япония - 26 июля 2019 года

Малые и большие двусторонние игры

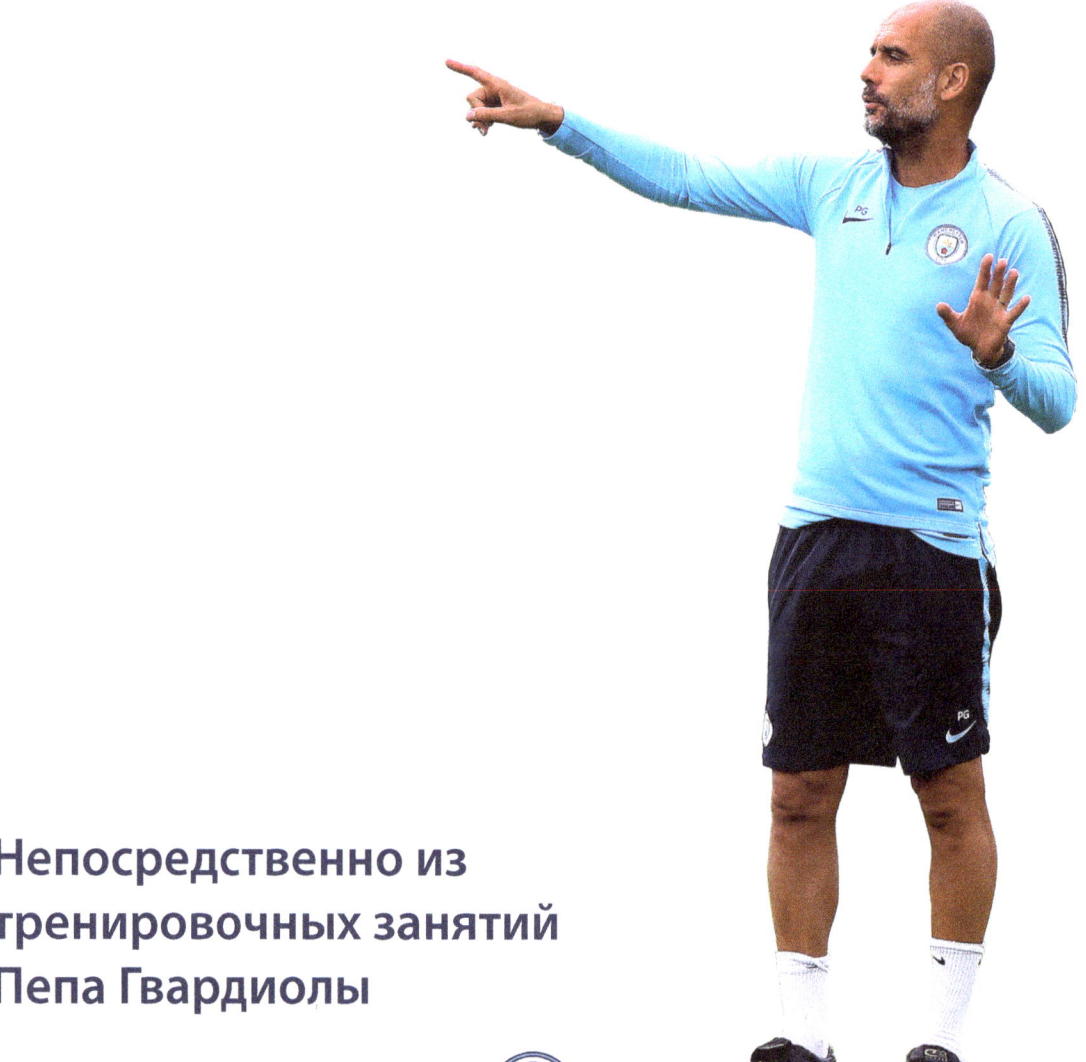

Непосредственно из
тренировочных занятий
Пепа Гвардиолы

Пеп Гвардиола: Малые и большие двусторонние игры

1. Малая двусторонняя игра 5x5 в высоком темпе с полноразмерными воротами

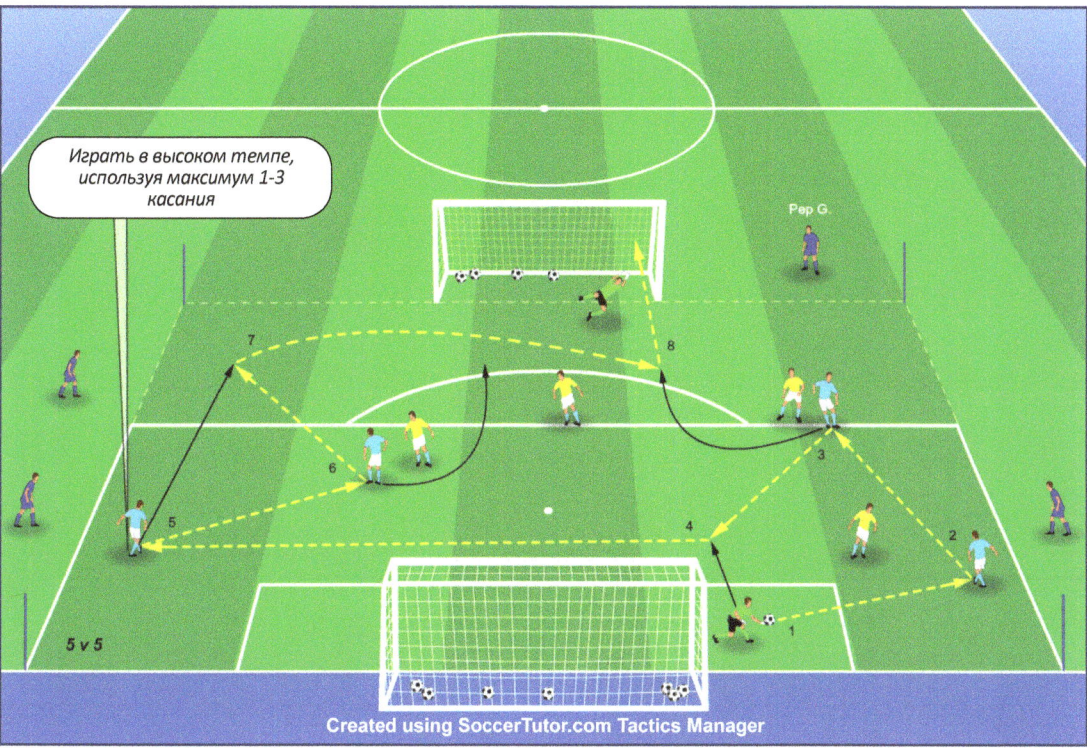

Описание

- На небольшом участке поля (как показано) две команды играют в обычную малую двустороннюю игру 5x5.

- Акцент этого упражнения - играть в высоком темпе, используя максимум 1-3 касания.

- Упражнение начинает вратарь, и он может распределять мяч разными передачами (короткими, средними или длинными).

- Если мяч выходит из игры, упражнение всегда начинает вратарь.

Источник: занятие Пепа Гвардиолы с командой «Манчестер Сити» на тренировочном поле «Этихад Кампус», Манчестер – 18 августа 2016 года

Пеп Гвардиола: Малые и большие двусторонние игры

2. Малая двусторонняя игра с тремя командами 7x7(+6)

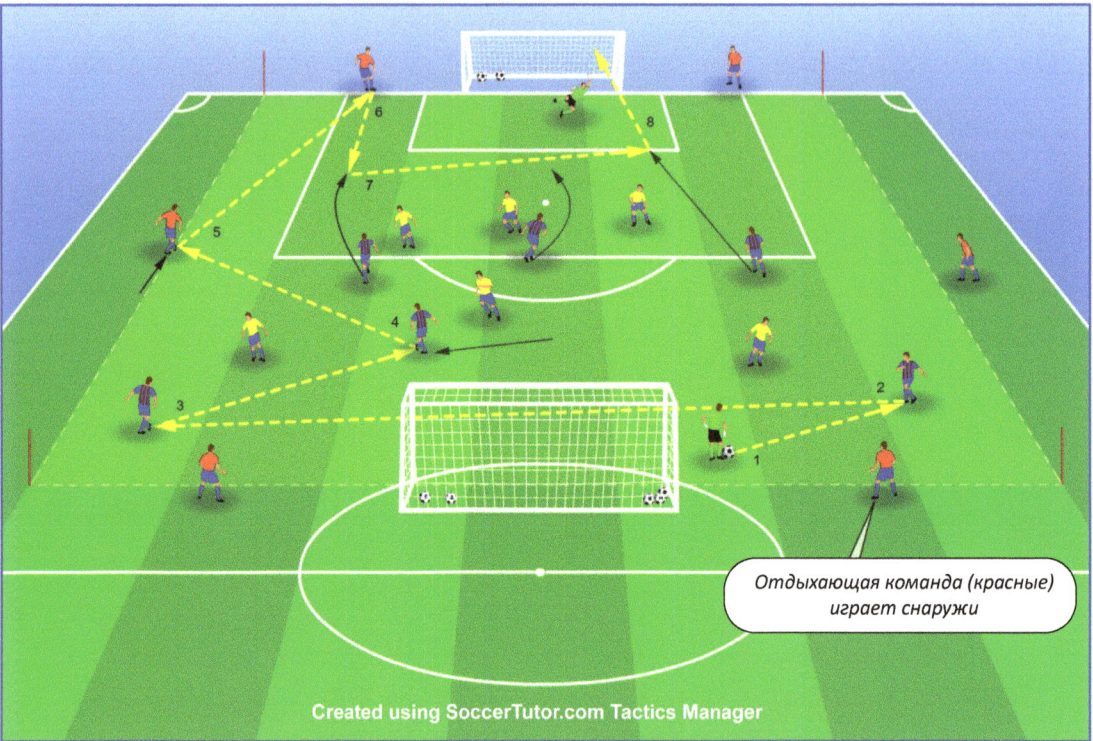

Отдыхающая команда (красные) играет снаружи

2 команды играют 8 минут, в то время как 3-я команда отдыхает, но все еще участвует в качестве внешних игроков поддержки.

Описание

- На участке поля (показанном на рисунке) 2 команды играют 7x7+6 внешних игроков (красных), которые играют за команду владеющую мячом.

- Упражнение всегда начинает вратарь.

- Команда, владеющая мячом, старается использовать свое численное преимущество для быстрого продвижения мяча вперед и использования внешних игроков поддержки для создания голевых моментов и завершения.

- Если мяч выходит из игры, упражнение всегда начинает вратарь.

Развитие

1. Менять внешнюю команду каждые 45 секунд, чтобы увеличить интенсивность игры.

2. Менять внешнюю команду после каждого гола (победитель остается). Команда, которая пропускает, меняется ролями с внешней командой.

Источник: тренировочное занятие Пепа Гвардиолы с командой «Барселона Б» (2007-2008)

Пеп Гвардиола: Малые и большие двусторонние игры

3. Малая двусторонняя игра 7х7(+1) с полноразмерными воротами в высоком темпе

Играть в высоком темпе, используя максимум 1-3 касания

Описание

- На участке поля (как показано) 2 команды играют в обычную игру 7х7 с одним джокером, который играет за команду владеющую мячом.

- Акцент этого упражнения состоит в том, чтобы играть в быстром темпе, используя максимум 1-3 касания.

- Упражнение начинает вратарь, и он может распределять мяч разными передачами (короткими, средними или длинными).

- Цель состоит в том, чтобы использовать джокера и численное преимущество для создания голевых моментов и завершения.

- Если мяч выходит из игры, упражнение всегда начинает вратарь.

Источник: занятие Пепа Гвардиолы с командой «Манчестер Сити» на тренировочном поле «Этихад Кампус», Манчестер

Пеп Гвардиола: Малые и большие двусторонние игры

4. Создание численного преимущества и развитие атак в игре с 3 зонами

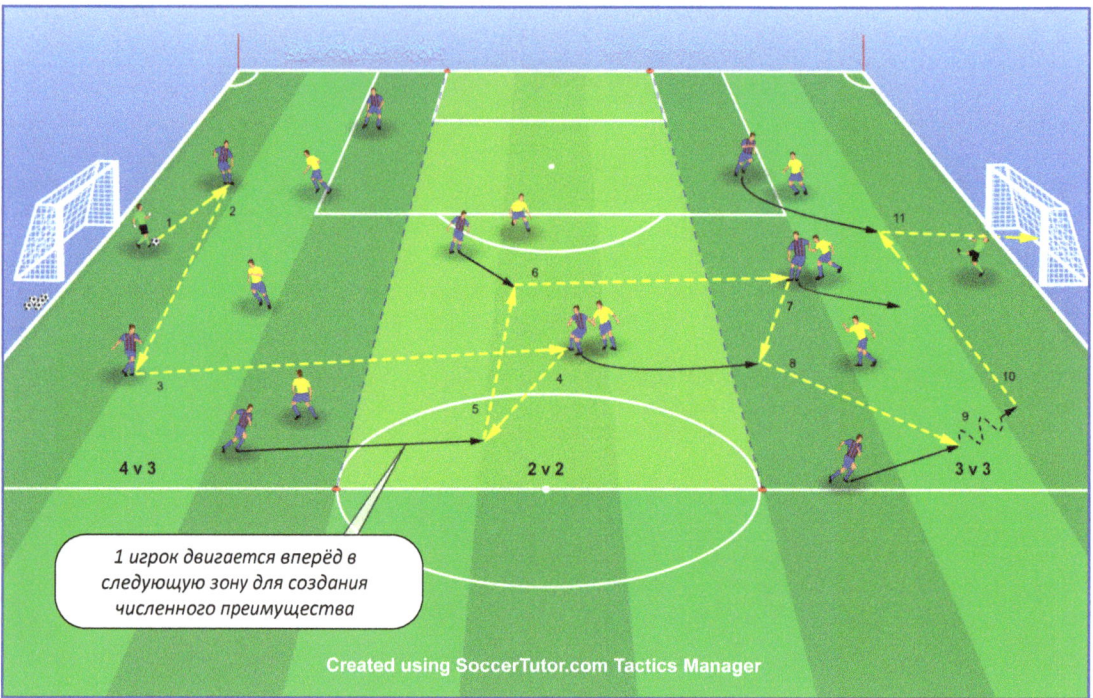

1 игрок двигается вперёд в следующую зону для создания численного преимущества

Описание

- Использовать половину полноразмерного поля, которую разделить на 3 равные зоны, и команды играют 10 на 9.

- В начале упражнения ситуация 4х3 в зоне обороны, ситуация 2х2 в средней зоне и ситуация 3х3 в зоне завершения.

- Упражнение начинает вратарь, а синие строят атаку с преимуществом 4х3. Цель состоит в том, чтобы передать мяч одному из своих товарищей по команде в среднюю зону.

- Когда синий игрок успешно получает мяч в средней зоне, 1 игрок из зоны обороны выдвигается вперед, чтобы создать численное преимущество в центре (3х2).

- Синие снова надеются использовать свое численное преимущество в средней зоне (3х2) и передать мяч партнёру по команде в зону завершения.

- Когда синий игрок успешно получает мяч в зоне завершения, 1 игрок из средней зоны выдвигается вперед, чтобы создать численное преимущество (4х3) у чужих ворот.

- С этого момента синие пытаются использовать свое численное преимущество (4х3), чтобы забить, как показано на диаграмме.

Источник: тренировочное занятие Пепа Гвардиолы с командой «Барселона Б» (2007-2008)

5. Позиционная игра 9х7 (+3 вратаря) с 3 воротами

Если жёлтые или вратарь завладевают мячом, тренер передаёт новый мяч красным

Красные: 3-3-3
Жёлтые компактно: 4-3

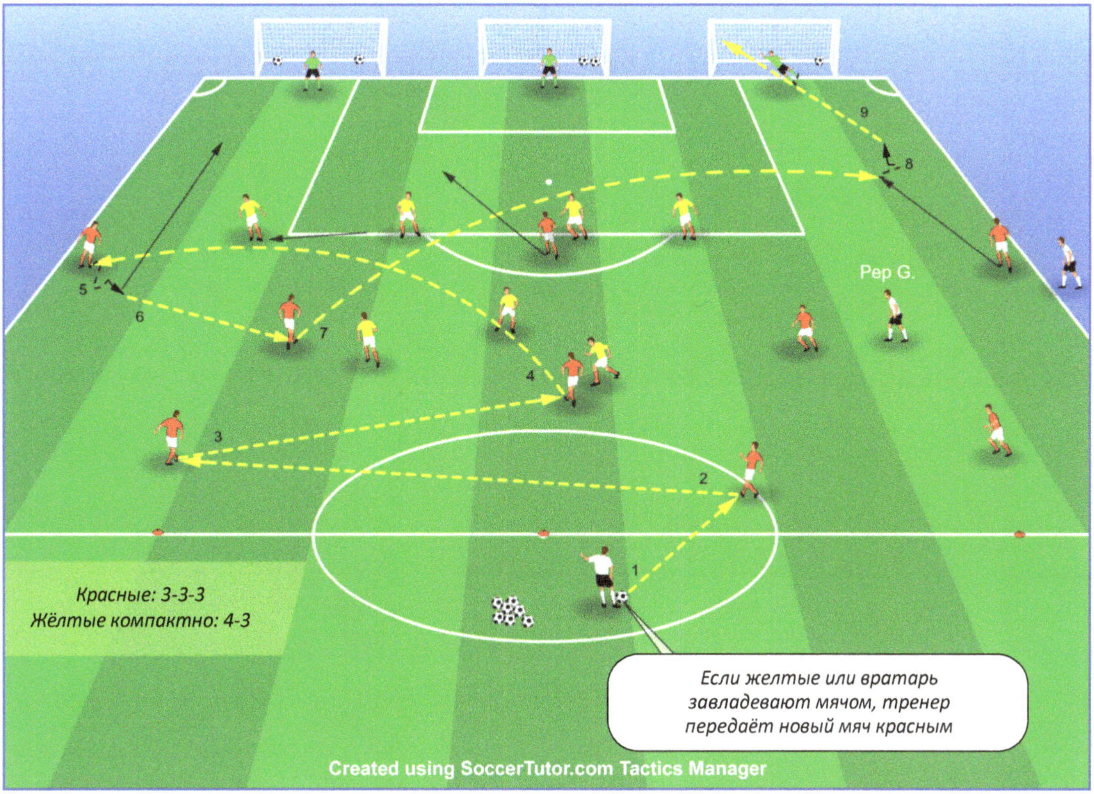

Описание

- Используя половину полноразмерного поля, команды играют 9х7 (+3 вратаря).
- Красная команда в построении 3-3-3, а жёлтая в компактном построении 4-3.
- Есть 3 полноразмерных ворот с 3 вратарями.
- Упражнение начинается с того, что тренер и красная команда строят атаку, пытаясь выполнить проникающий пас за спину защитниками соперника, а затем забить в любые из 3 ворот.

- Жёлтая обороняющаяся команда защищает 3 ворот и пытается выиграть мяч.
- Необходимость защищать 3 ворот заставляет жёлтую команду двигаться и смещаться поперёк больше, чем в обычной игре.
- Атакующей команде легче развивать свои атаки и находить линии передач своим нападающим.
- Если жёлтый игрок или вратарь завладевают мячом, мяч выходит из игры или красная команда забивает, упражнение всегда возобновляется новым мячом от тренера.

Источник: тренировочное занятие Пепа Гвардиолы с командой «Бавария» Мюнхен в Дохе, Катар – 7 января 2014 года

обучение футболу с 2001 года

Доступно в полноцветной печати и в виде электронной книги!
ПК | Mac | Iphone | Ipad | телефон Android/планшет | Kobo | Kindle Fire

www.SoccerTutor.com
info@soccertutor.com

обучение футболу с 2001 года

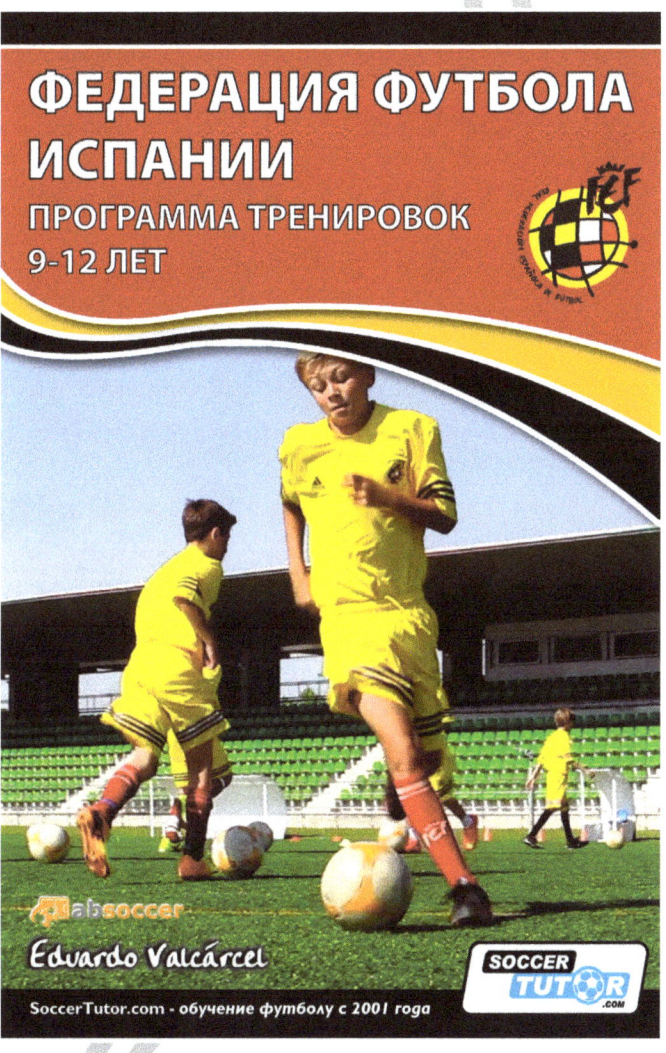

Доступно в полноцветной печати и в виде электронной книги!
ПК | Mac | Iphone | Ipad | телефон Android/планшет | Kobo | Kindle Fire

www.SoccerTutor.com
info@soccertutor.com

обучение футболу с 2001 года

Доступно в полноцветной печати и в виде электронной книги!
ПК | Mac | Iphone | Ipad | телефон Android/планшет | Kobo | Kindle Fire

www.SoccerTutor.com
info@soccertutor.com

БЕСПЛАТНАЯ ПРОБНАЯ ВЕРСИЯ

обучение футболу с 2001 года

ТАКТИЧЕСКИЙ МЕНЕДЖЕР

Создавайте свои собственные упражнения, тактику и план занятий

www.SoccerTutor.com/TacticsManager
info@soccertutor.com

 PC Mac iPad Tablet Web

www.ingramcontent.com/pod-product-compliance
Lightning Source LLC
Chambersburg PA
CBHW041246240426
43669CB00025B/2986